税務署に聞く前に読む

税務Q&A

納税者から問い合わせの多い事例集

税理士 佐藤 文雄 著

JN123686

一般財団法人 **大蔵財務協会**

は　し　が　き

　この本は、12年前に同じ表題で発行された本の改訂版です。前回の発行後に、相続税及び消費税等の大幅な改正が行われており、また、既存の条文についても適用期間や適用要件等の改正が行われました。

　更には、子供たちに税の知識や役割を知ってもらうため、全国の小・中学校等において、税理士等による租税教室が盛んに開催されておりますし、高齢化社会の現状下においても、多くの国民が税（特に相続税、消費税等）について強い関心を持っているものと思います。

　しかしながら、税の知識を習得するためには法律用語が難しく苦労したとか、不明な点や疑問に思ったことに対して説明を受けても、法律の知識が乏しいこともあり十分に理解することができず、悔しい思いをした方も多数いらっしゃるものと思っております。

　そのような方々のために、税務署に直接関係のある税目について、できるだけ読んで理解していただけるようにとの考えから、税目別に区分し設問形式で書いてみました。

　設問は、皆さんが日頃から関心を持っていると思われる税金や、私が税務署在任中に多くの納税者から寄せられた質問等を重点的に取り上げて、改正後の内容を踏まえて書かせていただきました。今回も限られたスペースの中で、多くの納税者の方に知ってほしい税に関する知識を紹介しておりますが、更に実例に沿った知識を得たいと思っている方々には大変申し訳ありませんが、他の参考書を購入するなどして知識を深めていただきますようお願いいたします。

　また、税に関する団体の皆様におかれましては、ここ数年、コロナの影響等により研修会等の開催機会が少なかったことでもあり、この本を会員に配布するなどの方法により、会員の皆さまの税に関する知識の向上を図ってみてはいかがでしょうか？

　今後、この本で得た知識を活かして解説書を読むなどにより更に詳しい税の知識を深めていただくとか、税に関する知識の豊富な税理士等に適切なアドバイス受けるなどの情報収集に努め、それぞれの実情に適した節税対策等を行っていただければと思っております。

　なお、この本では一般的な状況を踏まえて説明しておりますので、業種特有の慣習や個人的な実情があるなど状況が異なる場合には、独自で判断することなく税理士等に相談することをお勧めします。

　最後に、この本の作成にご理解とご協力を頂きました大蔵財務協会の担当部署の皆さまには、紙面をお借りして深く感謝申しあげます。

令和6年4月

佐藤　文雄

凡　例

本文中【　】内の法令、通達等については、以下の表記を使用しています。

所法	所得税法
所令	所得税法施行令
所規	所得税法施行規則
所基通	所得税基本通達
法法	法人税法
法令	法人税法施行令
法規	法人税法施行規則
法基通	法人税基本通達
通法	国税通則法基本通達
相法	相続税法
相令	相続税法施行令
相基通	相続税法施行規則
消法	消費税法
消令	消費税法施行令
消基通	消費税法基本通達
措法	租税特別措置法
措令	租税特別措置法施行令
耐令	減価償却資産の耐用年数等に関する省令
耐通	耐用年数の適用等に関する取扱通達
通法	国税通則法

目　　次

【財産評価編】

【相続税・贈与税編】

【法人税編】

【源泉所得税編】

【消費税編】

【その他】

所得税編

Q1 確定申告が必要な人は？

次の①から④のいずれかに該当する方は、所得税の確定申告が必要です。

区　分	該　当　事　項
①　給与所得のある方	・給与収入が年間2,000万円を超える ・２か所以上から給与収入がある ・年末調整されていない給与収入がある ・給与・退職所得以外の所得金額の合計額が20万円を超える ・同族会社の役員等で、その法人から店舗の賃借料等の収入がある ・源泉徴収がなされていない人（在日外国交館や家事使用人など）
②　公的収入のみの方	・公的年金等の収入が400万円を超える
③　退職所得がある方	・退職金の受領時に源泉徴収が行われていない ・「退職所得の受給に関する申告書」を支払者に提出していなかったため20.24％の源泉徴収されている者でさらに納付額が発生する
④　上記以外の方	・各種所得金額の合計額から所得控除額を差引いても、課税される所得金額がある（納付税額が発生する） ・課税所得金額に税率を乗じて算出した所得税から、配当税額控除を差引いても納付税額が発生する ・納税額が源泉徴収された税額より少なかった（還付を受ける）

Q2 確定申告書の提出先は？

所得税法における納税地は、次のように定められています。【所法15】

以下の「納税地の特例」の適用を受けようとする人は、変更前の納税地の所轄税務署長に対し、「所得税・消費税の納税地の変更に関する届出書」を提出しなければならないこととされていましたが、令和５年１月１日以後は、「所得税・消費税の納税地の異動に関する届出書」「所得税・消費税の納税地の変更に関する届出書」について、その提出が不要とされました。

区　　分	納　税　地
国内に住所を有する場合	その住所地
国内に住所を有せず、居所を有する場合	その居所地
国内に住所のほか居所を有する場合	住所地に代えてその居所地 （納税地の特例）
国内に住所又は居所を有し、かつ、その住所地又は居所地以外の場所にその営む事業に係る事業所等を有する場合	住所地又は居所地に代えてその事業所等の所在地を納税地とすることができる（納税地の特例）

Q3　所得控除とは？

　課税所得金額は、その方のすべての所得金額から所得控除額を差し引いて算出します。

　所得控除とは、控除の対象となる扶養親族が何人いるかなどの個人的な事情を加味して税負担を調整するもので、次の種類があります。

> 雑損控除、医療費控除、社会保険料控除、小規模企業共済等掛金控除、生命保険料控除、地震保険料控除、寄附金控除、障害者控除、寡婦控除、ひとり親控除、勤労学生控除、配偶者控除、配偶者特別控除、扶養控除、基礎控除

Q4　基礎控除の金額は？

　その年の年間合計所得金額が2,500万円以下の納税者については、合計所得金額に応じて一定額の基礎控除が認められています。

合計所得金額	基礎控除額	合計所得金額について
2,400万円以下	48万円	純損失、譲渡損失及び特別控除前の所得金額の合計金額をいいます。
2,400万円超　2,450万円以下	32万円	
2,450万円超　2,500万円以下	16万円	
2,500万円超	0 円	

Q5　扶養控除とは？

　扶養親族とは、その年の12月31日の現況で、①配偶者以外の親族（6親等内の血族および3親等内の姻族をいいます）等、②納税者と生計を一にしていること、③年間の合

計所得金額が48万円以下であること（給与のみの場合は給与収入が103万円以下）、④青色申告者の事業専従者としてその年を通じて一度も給与の支払を受けていないこと又は白色申告者の事業専従者でないことの4つの要件すべてに当てはまる人です。

また、扶養親族のうち、控除対象扶養親族に該当すれば下表の区分に応じて扶養控除を受けることができます。

控除対象扶養親族とは、扶養親族のうち、以下の人をいいます。

イ　居住者の場合／年齢16歳以上の人

ロ　非居住者の場合／年齢16歳以上30歳未満の人、年齢70歳以上の人、年齢30歳以上70歳未満の人で以下のいずれかに該当する人

①　留学により国内に住所及び居所を有しなくなった人

②　障害者である人

③　その居住者からその年において生活費又は教育費に充てるための支払を38万円以上受けている人

なお、内縁の妻との間にできた子も法律上の親族とはなりませんので、原則として扶養親族には該当しません。ただし、認知された場合には、法律上の子の地位を取得したことになりますので、生計を一にし、その子の所得金額が一定金額以下であれば認知した年から扶養親族に該当することになります。

区　分	扶養控除額	備　考
一般の控除対象扶養親族 （16歳以上70歳未満）	38万円	
特定扶養親族（19歳以上23歳未満）	63万円	
老人扶養親族（70歳以上）	48万円	同居の場合は58万円

Q6　配偶者控除・配偶者特別控除とは？

年間の合計所得金額が1,000万円以下の者で控除対象配偶者がいる納税者は、合計所得金額に応じた配偶者控除を受けることができます。【所法83】

なお、配偶者控除を受けられる配偶者は戸籍上の配偶者に限られているので、たとえ勤務先から内縁の妻に対する家族手当が支給されている場合であっても、控除対象配偶者には該当しません。【所基通2－46】

区　　分 ＼ 納税者の合計所得金額	900万円以下	900万円超 950万円以下	950万円超 1000万円以下
一般の控除対象配偶者	38万円	26万円	13万円
老人控除対象配偶者（70歳以上）	48万円	32万円	16万円

　また、生計を一にする配偶者に一定の収入がある場合でも、合計所得金額に応じた配偶者特別控除を受けることができます。【所法83の２】

区　　分 ＼ 納税者の合計所得金額	900万円以下	900万円超 950万円以下	950万円超 1000万円以下
48万円超　95万円以下	38万円	26万円	13万円
95万円超　100万円以下	36万円	24万円	12万円
100万円超　105万円以下	31万円	21万円	11万円
105万円超　110万円以下	26万円	18万円	9万円
110万円超　115万円以下	21万円	14万円	7万円
115万円超　120万円以下	16万円	11万円	6万円
120万円超　125万円以下	11万円	8万円	4万円
125万円超　130万円以下	6万円	4万円	2万円
130万円超　133万円以下	3万円	2万円	1万円
133万円超	0円	0万円	0万円

Q7　一定の医療費を支払ったときは？

　医療費控除の対象となる医療費は、納税者及び納税者と生計を一にする親族のために支払った次に掲げる診療の対価等のうち、通常必要と認められる費用をいいます（保険金、損害賠償金などの補てん金控除後の金額）。【所法73①】

①　医師又は歯科医師による診療又は治療のために支払った金額
②　治療又は療養に必要な医薬品の購入代金
③　病院、診療所、介護老人保健施設等又は助産所へ収容されるための人的役務の提供の対価
④　あん摩、マッサージ、指圧師、はり・きゅう師、柔道整復師等への施術費
⑤　保健師、看護師又は准看護師による療養上の世話のために支払った金額　等

　なお、次のような費用についても医療費に含めることができますが、人間ドック等の健康診断費用や美容等に関する費用は含まれません。

　ただし、診断の結果、重大な疾病が発見され引き続き治療を受けることとなった場合は、人間ドック等の健康診断費用も医療費控除の対象となります。

---

① 通院費用、入院費用（部屋代（自己都合の場合を除く）、食事代を含む）、医療用器具等の購入・賃借等の費用のうち、通常必要と認められる費用の額
② 医師等による診療、治療を受けて購入した義手、義足、松葉づえ、義歯等の購入費用のうち、通常必要と認められる費用の額

Q8　個人が寄附金を支出した場合は？

　特定の団体等に対して年間2,000円を超えて寄附した場合は、寄附金控除を受けることができます。【所法78、措法41の18の1～3】

適用法律	寄附をした団体		添付書類
所得税法	国又は地方公共団体（ふるさと納税が含まれる）		領収書
	公益社団法人、財務大臣が認定した社団法人等		領収書又は証明書の写し
	独立行政法人、私立学校法人、社会福祉法人		
租税特別措置法	政党、政治団体、議員等の後援団体、その他	総務大臣又は都道府県の選挙管理委員会に報告されたもの	寄附金控除のための書類
	都道府県知事又は指定都市の長の認定を受けたNPO法人		領収書

　なお、特定の寄附金ついては、所得金額からの控除に代えて税額控除も認められています。【措法41の18の2】

注意	次に掲げる寄附金は、寄附金控除の対象になりません。 ① 財務大臣の指定のない社団法人等への寄附金 ② 宗教法人への寄附金 ③ 私立学校等への入学寄附金 ④ 社会福祉法人設立のための寄附金

税額控除が認められる寄附金と税額

寄附をした団体	控除税額の計算式 （ただし、所得税の25％相当額が限度）
政治活動に関する寄附	（その年の政党等への寄附金の合計額−2,000円）×30％
認定特定非営利活動法人	（その年の当該団体等への寄附金の合計額−2,000円）×40％
公益社団法人等	（その年の当該団体等への寄附金の合計額−2,000円）×40％

Q9 ふるさと納税をした場合の確定申告は？

　ふるさと納税は、ご自身の選んだ自治体に対して寄附を行った場合に、寄附した額のうち2,000円を超える部分について、所得税及び個人住民税からそれぞれ寄附金控除が受けられる制度です。

　ふるさと納税に係る控除額の計算の概要は、以下のとおりです。

① 所得税

　（ふるさと納税額−2,000円）を所得金額から控除（寄附金控除）

　（所得控除額×所得税率（0％から45％が軽減*））

　所得控除の対象となる寄附金の額は、総所得金額等の40％が上限です。

② 個人住民税（基本分）

　（ふるさと納税額−2,000円）×10％を税額控除

③ 個人住民税（特例分）

　（ふるさと納税額−2,000円）×（100％−10％（基本分）−所得税率（0％から45％*））

　上記①および②により控除できなかった額を、③により全額控除（所得割額の20％を限度）します。

＊平成25年分から令和19年分については、所得税率が0％である場合を除き、復興特別所得税を加算した率となります。

　ふるさと納税として寄附した金額について控除を受けるためには、ふるさと納税を行った年分において確定申告をする必要があります。ただし、平成27年4月1日以後にふるさと納税を行った場合で、かつ、確定申告が不要な給与所得者の方については、ふるさと納税先が5団体以内の場合に限り、ふるさと納税先団体に申請することにより確定申告をしなくても、この寄附金控除を受けることができます（ふるさと納税ワンストッ

プ特例制度）。

　なお、5団体を超える自治体にふるさと納税を行った方や、ふるさと納税の有無にかかわらず確定申告を行う方も、ふるさと納税についての控除を受けるためには、これまでと同様に確定申告を行う必要があります。

Q10　令和6年分所得税の定額減税の実施方法は？

所得税の定額減税

　令和6年分所得税について、定額による所得税額の特別控除の適用を受けることができる方は、令和6年分所得税の納税者である居住者で、令和6年分の所得税に係る合計所得金額が1,805万円以下である方（給与収入のみの方の場合、給与収入が2,000万円以下である方）です。

　特別控除の額は、次の金額の合計額です。

　ただし、その合計額がその人の所得税額を超える場合には、その所得税額が限度となります。

> 1　本人（居住者に限ります。）30,000円
> 2　同一生計配偶者または扶養親族（いずれも居住者に限ります。）　1人につき30,000円

　給与所得者に係る特別控除は、次の方法により実施されます。

　令和6年6月1日以後最初に支払われる給与等（賞与を含み、「給与所得者の扶養控除等（異動）申告書」を提出している勤務先から支払われる給与等に限ります）につき源泉徴収をされるべき所得税及び復興特別所得税の額から特別控除の額に相当する金額が控除されます。これにより控除をしてもなお控除しきれない部分の金額は、以後、令和6年中に支払われる給与等につき源泉徴収されるべき所得税等の額から順次控除されます。

　なお、「給与所得者の扶養控除等（異動）申告書」に記載した事項の異動等により、特別控除の額が変動する場合は、年末調整により調整することとなります。

個人住民税の定額減税

　令和6年度分の個人住民税の定額による所得割の特別控除は以下のとおりです。

　ア　納税義務者の所得割の額から、特別控除の額を控除（ただし、その者の令和6年度分の個人住民税に係る合計所得金額が1,805万円以下である場合に限ります）。

　イ　特別控除の額は、以下の金額の合計額（ただし、その合計額がその者の所得割の

額を超える場合には、所得割の額を限度とします）。

(ア)　本人1万円

(イ)　控除対象配偶者又は扶養親族（国外居住者を除く）1人につき1万円

（注）　控除対象配偶者を除く同一生計配偶者（国外居住者を除きます）については、令和7年度分の所得割の額から、1万円を控除します。

Q11　雑損控除が受けられるケースは？

　災害、盗難又は横領によって資産に損害を受けた場合や、これらに関してやむを得ない支出をした場合には所得金額から損失の額を控除することができます。【所法72】

　雑損控除の対象となる損害金額は、住宅や家財などについて受けた損失額と災害等に関連してやむを得ず支出した金額に限られます。【所令206】

　なお、雑損控除の金額を算定する際には、災害により被害を受けた住宅、家財、車両等の損失額は、その損失を生じた時の直前におけるその資産の価値を基に計算することとされており、次のような計算式で求めることになります。

損失額＝（住宅等の取得価格－減価償却費）×被害割合

注意	詐欺や脅迫による損失、保証債務の履行により生じた損失等については、雑損控除の対象にはなりません。

Q12　住宅ローン等を利用してマイホームを取得した場合の税金は？

　平成19年1月1日から令和7年12月31日の間において、「居住用家屋の新築等」「買取再販売住宅の取得」「既存住宅の取得」又は一定の増改築等（以下、「住宅の取得」といいます）を行いその取得又は増改築等のための借入金等があるときは、入居した年以後の一定期間に渡りその住宅借入金等の年末残高の合計額を基礎として算出された金額を、各年分の所得税の額から控除することができます。【措法41～42の3の2ほか】

取得の要件	①　住宅の取得時に居住者であること ②　（取得者と生計を一つにしている）親族等からの購入でないこと ③　取得後6か月以内に入居し、12月31日まで引き続き居住していること ④　合計所得金額が2,000万円以下であること ⑤　住宅借入金等の年末残高があること 　（返済期間が10年以上で、分割して返済するものであること）

	⑥ 住宅の床面積が50m^{2}以上の物件であること（上限なし） ⑦ 家屋の面積の1/2以上が居住の用として使用されている
増改築の 要件	① 自己が所有し、居住している家屋であること ② 工事に要した費用の額が100万円を超えていること ③ 自己の住宅部分に係る費用が総額の1/2以上であること ④ 工事後の家屋の面積が50m^{2}以上であること ⑤ 家屋の面積の1/2以上が居住の用として使用されていること
参 考	「買取再販売住宅」とは、新築された日から起算して10年を経過した家屋を、宅地建物取引業者が取得日から2年以内に、既存住宅に一定金額（300万円以上）の増改築を行って販売された住宅をいう。【措法41①20】 「既存住宅」とは、昭和57年1月1日以後に建築された耐震住宅をいう。

Q13 「住宅借入等特別控除証明書」の再交付を受けるには？

次のような事情等により新たに「住宅借入金等特別控除証明書」が必要となった場合は、所轄税務署長に改めて申請し再交付を受けることができます。

① 勤務先が変わった場合 ② 「住宅借入金等特別控除証明書（申告書）」を紛失等した場合

再交付の手続き

方　法	提　出　書　類
税務署に赴く	① 「年末調整のための住宅借入金等特別控除関係書類の交付申請書」 ② 身分を証明できるもの（運転免許証など） ③ 代理人が来署する場合は、委任状、代理人の身分証明書
書類を郵送	「年末調整のための住宅借入金等特別控除関係書類の交付申請書」に必要事項を記載して所轄税務署に郵送

Q14 会社員が副収入を得た場合は？

給与所得者の場合、給与の支払者が行う年末調整によって源泉徴収された所得税額と納付すべき所得税額との過不足が清算されますので、確定申告の必要はありません。

しかし、年末調整が済んでいる給与所得者であっても、その給与所得以外に副収入等によって20万円を超える所得を得ている場合には、確定申告が必要となります。

　給与所得者の副収入としては、例えば、次のような所得が一般的には雑所得に該当します。

| インターネットのオークションサイトやフリーマーケットアプリなどを利用した個人取引による所得[*1] |
| 自家用車などの資産の貸付けによる所得 |
| ベビーシッターや家庭教師などの人的役務の提供による所得 |
| ビットコインをはじめとする暗号資産の売却等による所得 |
| 民泊による所得[*2] |

[*1]　生活の用に供している資産（古着や家財など）の売却による所得は非課税（この所得については確定申告が不要）で、損失は生じてないものとみなされます。

[*2]　個人が有料で旅行者に宿泊させるいわゆる「民泊」は、一般的に、利用者の安全管理や衛生管理、また、一定程度の観光サービスの提供等を伴うものなので、単なる不動産賃貸とは異なり、その所得は、不動産所得ではなく、雑所得に該当します。

Q15　納税者が死亡した場合の確定申告は？

　確定申告書を提出する義務のある納税者が年の途中で死亡した場合は、死亡した年の1月1日から死亡時までの所得について、一般の確定申告書に準じた確定申告書（準確定申告書）を、死亡した者の納税地の所轄税務署に提出しなければなりません。

　相続人は相続開始があったことを知った日の翌日から4か月を経過した日の前日までに準確定申告書を提出する必要があります（準確定申告書には各相続人の連署が必要）。

　なお、死亡した者が確定申告書の提出義務がない場合であっても、相続人は「還付を受けるための申告書」及び「確定損失申告書」を提出することができます。

Q16　出国する場合の確定申告は？

　日本国内で不動産等の所得がある個人が出国等により日本国内に住所又は居所を有しなくなる場合（非居住者）において、確定申告書の提出、所得税等の納付又は還付金の受領など国税に関する事項を処理する必要があるときは、住所又は居所を有しなくなる時までに納税管理人を定め、本人の納税地を所轄する税務署長にその旨を届出る必要があります。【通法117】

　なお、納税管理人の届出書を提出せずに出国する場合は、出国の時までに税務署長に対して確定申告書を提出しなければなりません（当該申告書を提出する場合には、申告書第一表上部余白に「出国予定日○年○月○日」及び出国後の住所を記載してください）。

1月1日から申告書の提出期限までに出国する場合	・確定申告書を出国する日までに提出しなければなりません。 ・確定損失申告書を出国する日までに提出することができます。
年の中途で出国する場合	・1月1日から出国の日までの総所得等の金額を記載した確定申告書を、出国する日までに提出しなければなりません。 ・1月1日から出国の日までの総所得等について、還付金を受けるための申告書を出国する日までに提出できます。

Q17　非居住者に不動産所得がある場合は？

　所得税法においては、居住者は国の内外で生じたすべての所得が課税対象とされますが、非居住者については国内の源泉から生じる所得、すなわち国内源泉所得についてのみが課税対象とされています。【所法5①、7①一】

　非居住者が、国内の源泉（資産）から生じる所得、すなわち国内源泉所得を有する場合には、その国内源泉所得について納税の義務を負い、国内に支店等の事業上の拠点（恒久的施設）を有するか否かによって課税方式及び課税対象となる所得が異なってきます。

　さらに、その事業上の拠点が①支店・工場である場合、②1年を超えて建設作業等を行う場合、③自己のため契約を締結する代理人を置いている場合の区分により、その課税方式（総合課税・分離課税）及び課税対象となる国内源泉所得が異なります。【所法164】

　また、国内にある不動産等を貸付けたことにより生じる所得は国内源泉所得に該当し、その賃貸料収入に対して20.42％の税率を適用して源泉徴収が行われますが、確定申告（総合課税）により清算されることになっています。【所法161、所法164①四ロ　他】

　なお、非居住者ですので所得から控除できるのは、雑損控除、寄付金控除及び基礎控除に限定されています。

Q18　「一時所得」と「雑所得」との違いは？

　一時所得とは、「臨時的、偶発的な所得で、しかも労務その他の役務又は資産の譲渡の対価としての性質を有しないもの」、雑所得については、「給与、退職等の各種所得に該当しない所得」と規定されています。【所法34①、35①】

　具体的には、次のようなものが一時所得及び雑所得に該当します。

一時所得	・不動産売買契約の解除に伴う違約金（不動産業を除く） ・競馬や競輪の払戻金 ・借家の立退き料（業務の休止等に伴う補てん金等は除く） ・生命保険契約等の満期返戻金 ・生存給付金付保険に係る一時金（年金形式を除く） ・クイズの賞金、福引の当選金品 ・法人から贈与された金品
雑所得	・国民年金、厚生年金などの公的年金 ・原稿料、講演料など ・先物取引やFX、仮想通貨の利益　　　など

　なお、①競馬の馬券の払戻金は、一時所得と雑所得のいずれに該当するか、②所得金額の計算上控除すべき金額は、的中した馬券の購入金額に限られるか否か、が争われていた裁判（最高裁平成27年3月10日判決）で、競馬の馬券の払戻金はその払戻金を受けた者の馬券購入行為の態様や規模等によっては、一時所得ではなく、雑所得に該当する場合があり、その場合においては外れ馬券も所得金額の計算上控除すべき旨、判示されました。

　この最高裁判決を受け、国税庁では、パブリックコメントの手続を行った上で、競馬の馬券の払戻金等に係る課税上の取扱いを定めた所得税基本通達34−1を改正しました。

Q19　青色申告の特典は？

　青色申告制度は、「申告納税制度のもとにおける納税者の協力は自分の所得を算定するため正確な帳簿に記帳する場合のみ可能であり、納税者が帳簿を持ち正確に記載し、その正確な帳簿を税のために使用するよう奨励し、援助する工夫の一つとして、帳簿記録をする納税者には特別な行政上の取り扱いをすること」との、シャープ勧告を受けて実施されることになりました。

青色申告ができる者

要件	①　不動産所得、事業所得又は山林所得を生ずべき事業を行う者 ②　一定の帳簿書類を備え付け、これに取引を記録し、かつ、保存している者 ③　所轄税務署長より、青色申告の承認を受けている者

主な特典

所得及び税額の計算上の特例	引 当 金	・貸金に係る貸倒引当金繰入額の必要経費算入　など
	償却の特例	・減価償却資産の耐用年数の短縮　など
	そ の 他	・棚卸資産の評価方法について低価法の選択 ・青色申告特別控除 ・青色専従者の給与の必要経費算入 ・純損失の繰越控除（３年間）　など
手続きに関する特例		・更正通知書には、更正の理由を附記しなければならない ・署に異議申立てをせず、不服審判所へ審査請求することができる。

Q20　予定納税ができない場合は？

　所得税法では、①確定申告時に一括して全額を納付することとした場合、一時的に多額な納税資金が必要となり納付が困難となる、②国家財政の面から見ても歳入の平準化を図ることが望ましいなどの点から、前年度の所得状況等から本年も確定申告書の提出義務があると認められる納税者に対しては、本年度も前年と同額の所得があるものとして計算した税額を年２回に分けて予納する制度が採られています。

要　　件	予納税額	法定納期限	根拠条文
前年分の納税額が15万円以上の納税者（５月15日現在）	各期とも前年の納税額の1/3相当額	1期目は　　７月 2期目は　　11月	所法104条

　従って、「予定納税通知書」が届いたにもかかわらず、納付しなかった場合は税務署から督促状が送られてきます。

　なお、本年分の所得税額が前年に比べて減少すると見込まれる場合には、「予定納税額の減額申請」を提出し減額することができます。

不動産譲渡編

Q1　不動産を譲渡した場合の「取得費」と「譲渡費用」とは？

　譲渡所得は、土地や建物を売った金額から取得費と譲渡費用を差し引いて計算します。

　取得費とはその資産の取得に要した費用をいい、譲渡費用とは資産を譲渡するために直接要した費用をいいます。

取得費	他から購入した資産	購入代金、購入手数料、支払立退料
	自分で建設、製造した資産	材料費、労務費、経費　など
	住宅や工場の敷地造成費用	宅地造成費用
	建物付土地を取得し、1年以内に取壊した場合	建物の取壊費用 （取得価額＋取壊費－廃材等の処分費）
譲渡費用	仲介手数料、運搬費、登記料又は登記費用、その他直接要した費用	
	借家人に対する立退き料、建物等の取壊し費用、契約解除に伴う違約金、資産の譲渡価額を増加させるための費用　など	

Q2　「長期譲渡取得」と「短期譲渡所得」の違いは？

　譲渡した資産の所有期間が5年を超えているかどうかによって、長期譲渡と短期譲渡に区分され、さらに譲渡した資産が土地や建物等の不動産である場合は分離課税として、それ以外のものである場合は総合課税として取り扱われます。

　なお、所有期間が5年を超えているかどうかは、土地・建物については譲渡のあった年の1月1日現在で、土地・建物以外については譲渡の日で判定します。

　また、相続・贈与により取得した財産を譲渡した場合の取得価額は、被相続人等が取得した時期を引き継ぐこととなります。

譲渡した資産	課税区分	所有期間（一般税率）	
土地・建物等	分離課税	長期 （所得税15%） （住民税5%）	短期 （所得税30%） （住民税9%）

土地・建物等以外	総合課税 (特別控除50万円)	長期 (1/2課税)	短期 (1/2課税なし)

(注)　平成25年から令和19年までは、復興特別所得税として各年分の基準所得税額の2.1%を所得税と併せて申告・納付します。

注意事項	1　分離課税となる譲渡所得は、措置法で定められた税率を乗じて個別に税額を算出します。なお、給与などの総合課税所得に係る税金との合計額が年間の所得税額となります。 2　総合課税となる譲渡所得は、給与などの所得と合算して税額を算出します。 3　特許権や実用新案権など、自己の研究の成果による資産の譲渡は短期所有であっても総合長期譲渡として取り扱います（実例はほとんどない）。

Q3　マイホームを売却した際の税法上の取扱いは？

　居住用財産は、譲渡人（所有者）の生活の基盤を支える資産であることから、税法上、住用財産を売却した場合には次のような特例が設けられています。

3,000万円 の特別控除	譲渡所得から3,000万円を限度として控除することができます。したがって、売却代金から取得費や仲介料などを差引いた金額が3,000万円以下であれば、所得税は課されないことになります。【措法35】 ただし、この控除を受けるためには、転居から3年目の年末までに売却する必要があります。
買換えの特例	売却代金から新たに買換えた居住用財産の購入価額を直接差引くことによって、課税所得の軽減を図る制度【措法36の2】 ただし、売却資産の所有期間及び居住期間が10年以上であること。

参考	居住用財産について	譲渡者が現に居住している場合のほか、引っ越してから3年目の12月末までに売却した場合も「住宅用」として取り扱われます。ただし、この間に建物が存在していることが要件です。なお、建物を取り壊した場合には、1年以内の売却で、その土地を他に貸したり使用させたりしていないことが条件です。
	課税の軽減	所得金額から3,000万円を控除してもなお所得が生ずる場合は、課税軽減の特例があります。ただし、土地、建物とも所有期間が10年以上であることが要件です。
	適用除外	・特殊関係人への譲渡　・前年又は前々年に特例を受けている場合 ・不動産の譲渡に関する他の課税の特例を受けている場合

Q4　マイホームの買換えの特例とは？

　居住用財産を買換えた場合、次のような特例が設けられています。

　「特定の居住用財産の買換えの特例」と呼ばれているもので、新たに取得した居住用財産の取得に充てられた旧居住用財産の譲渡対価については、譲渡がなかったものとする特例で、適用を受けるためには下表の要件をすべて満たしている必要があります。

　なお、この特例を受けた者が、後日新たに取得した居住用財産を譲渡した際には、今回の譲渡において譲渡がなかったものとされた部分についての譲渡益も課税対象となりますので注意する必要があります。

譲渡資産	①　譲渡の年の1月1日現在における所有期間が10年超である（所有期間） ②　譲渡者の居住の用に供していた期間が10年以上である（居住期間） ③　住まなくなって3年を経過する12月31日までに売却したものである（譲渡期限） ④　国内にある財産である（住所地の要件） ⑤　譲渡に係る対価の額が1億円以下であること
買換資産	①　家屋の居住部分の床面積が50m^{2}以上である ②　家屋の敷地が500m^{2}以下である ③　家屋が既存の耐火建築物である場合、取得日から25年以内に建築されている（ただし、地震に対する安全性に係る基準に適合していることが証明された対価建築物については建築年数の制限はない）

Q5　マイホームを買い換えた際に譲渡損失が生じたときは？

　個人が土地・建物等を譲渡により損失が発生した場合、他の土地・建物等の譲渡による利益から控除することができますが、土地、建物等以外の譲渡取得（例えば、株式譲渡）や給与所得などの他の所得と損益通算することはできません。【措法31①ほか】

　ただし、マイホーム（旧居宅／譲渡した年の1月1日現在で所有期間が5年を超える居住用の財産）を令和7年12月31日までに売却して、新たにマイホーム（新居宅）を購入した場合で、①取得した年の年末に住宅借入等を有し、②譲渡した年の前年から譲渡した年の翌年までの3年間に買換資産を取得し、③かつ翌年までに居住の用に供したとき又は居住の用に供する見込みであるときは、その譲渡に際して生じた損失の額については他の所得との損益通算のほか、翌年以降3年間に渡り繰越控除することができます。【措法41の5】

　また、住宅借入金の特別控除の適用を受けるためには、買換資産を取得した年の年末又は繰越控除の特例を受けようとする年の年末において、買換資産に係る住宅借入金等

の残高があるなど、一定の要件を満たしている必要があります。【措令26の7】

　特例の対象となる借入金等は、次の要件の全てに当てはまる必要があります。

> 1　住宅の新築や取得又は住宅用土地等の取得のために直接必要な借入金又は債務であること
> 2　償還期限が10年以上の割賦償還の方法により返済されるもの又は返済期間が10年以上の割賦払いの方法により支払われるものであること
> 3　一定の者（金融機関等や勤務先、使用者から）の借入金又は債務であること

　なお、居住用財産の買換え等に伴う譲渡損失の損益通算及び繰越控除の特例については、住宅借入金等特別控除制度との併用が認められています。

Q6　住宅ローンが残っているマイホームを売却して譲渡損失が生じたときは？

　令和7年12月31日までに住宅ローンのあるマイホームを住宅ローンの残高を下回る価額で売却して損失（譲渡損失）が生じたときは、一定の要件を満たせば、その譲渡損失をその年の給与所得や事業所得など他の所得から控除（損益通算）することができます。

　また、損益通算後、控除しきれなかった譲渡損失は、譲渡の年の翌年以後3年間繰越控除することができます。【措法41の5の2】

　なお、これらの特例は、新たなマイホーム（買換資産）を取得しない場合であっても適用することができます。

> 譲渡損失の金額は、特定譲渡契約の締結日の前日における譲渡資産に係る住宅借入金の金額の合計額から、譲渡対価の額を控除した残額を限度とします。

財産評価編

Q1　固定資産（土地・建物等）の評価方法は？

　相続税、贈与税における財産価格は、課税原因が発生したときの時価とされています。

　しかし、土地や建物は株式のように毎日取引相場が公開されるものではなく、また、個々の地形や立地状況によって価格差が生ずるため、時価の算定を納税者自身に委ねることとした場合、納税者に相当の労苦と費用負担を強いるとともに、課税価格の均衡を図ることが難しくなります。

　このため、税務上では財産評価基本通達により土地、建物の評価基準を定めて課税価格算定の指針を示し、これをもとに算出された価格を時価とみなしています。

土　　地		建　　物
国土交通省が毎年発表する地価公示価格の概ね80％相当額。なお、計算方式としては、①路線価方式と②倍率方式があります。		固定資産税の評価額と同額と取り扱われています。
路線価方式	比較的道路が整備された市街地に適しており、道路に$1\,m^2$当たりの価格を表示した路線価図が国税庁HPで公開されています。	
倍率方式	郊外の評価に適しており、固定資産税評価額に倍率を乗じて算定します。なお、評価倍率表は国税庁HPで公開されています。	

Q2　路線価方式による土地の評価額の算出方法は？

　路線価方式による土地の評価額の算出方法は、評価対象の土地の位置を路線価図で確認し、その土地が面する路線の価格を確認します。

例）路線価格が120千／m^2であった場合は、次の計算式により算定します。

> 土地の評価額 ＝ 土地の面積（m^2）× @120千円

　土地の評価に際しては、地形等にも考慮して評価する必要があるため、実際の計算に当たっては次のような価格の補正を行って評価することになっています。

① 面積が同じであっても、道路からの奥行きの長短によっては地形も異なり、また、利用価値も違うことから（奥行価格補正率表を用いて）奥行調整を行います。

② 角地など複数の道路に接している土地は利用価値が高いことから、（側方路線影響加算率表及び二方路線影響加算率表を用いて）相応の加算を行うことになります。

③ その他、土地そのものの地形が不整形であるとか、間口が極端に狭い、あるいは奥行きが以上に長すぎるなどの理由により、補正が必要な場合もあります。

（注） 土地を貸している場合や借りている場合は、相応の減額割合が定められています。

Q3 小規模宅地（居住用、事業用）の評価額に関する特例とは？

　相続した土地が居住用や事業用に使用されていた場合、居住の継続や事業の継承を保護する観点から、財産評価に当たっても課税価格の軽減を図る措置が取られています。

　なお、この特例の適用を受けるためには、当該土地の相続人全員の同意が必要です。【措法69の4①】

相続開始の直前の状況（利用区分）		要　件		限度面積
				減額割合
被相続人等の事業の用に供されていた宅地等	貸付事業以外の事業用の宅地等	特定事業用宅地等に該当する宅地等	特定事業用宅地等	400m^2
				80%
	貸付事業用の宅地等	特定同族会社事業用宅地等に該当する宅地等（一定の法人の事業の用に供されていたものに限る）		400m^2
				80%
		貸付事業用宅地等に該当する宅地等		200m^2
				50%
被相続人等の居住の用に供されていた宅地等		特定居住用宅地等に該当する宅地等		330m^2
				80%

　「貸付事業用宅地等」を選択する場合の「限度面積」については、次の算式により調整が必要となります。

$$\text{「特定事業用宅地等」の面積} \times \frac{200}{400} + \text{「特定居住用宅地等」の面積} \times \frac{200}{330} + \text{「貸付事業用宅地等」の面積} \leqq 200\text{m}^2$$

Q4 農地（田、畑等）の評価方法について

農地とは、田や畑のように耕作の用に供されている農地法上の土地をいいます。

なお、自宅の敷地の一部で野菜などを作るための家庭菜園については、たとえ土地を耕していたとしても税法上の「農地」には該当しません。

評価上の区分	評価方法	価格の算定に当たって
市 街 地 農 地	原則宅地比準方式	宅地比準方式の場合は比較する宅地との形状等の差及び宅地に転用するための造成費を考慮する。
市街地周辺農地	宅地比準方式又は倍率方式	宅地比準方式の場合は、市街地農地と同様に評価した価格の概ね80％相当額により評価する。
中 間 農 地	倍率方式	その土地の固定資産税評価額[1]に一定の倍率[2]を乗じて計算した金額で評価する。
純 農 地		

宅 地 比 準 方 式	市街地農地の価格 ＝ （宅地であるとした場合の $1\,\mathrm{m}^2$ 当たりの価額 － $1\,\mathrm{m}^2$ 当たりの宅地造成費[3]） × 地積
倍 率 方 式	市街地周辺農地等の価格 ＝ 固定資産評価額 × 倍率　　（固定資産評価額は売買実例価額等による）

＊1　都税事務所や市（区）役所または町村役場で確認することができます。

＊2　倍率は「評価倍率表」（国税庁ホームページ）で確認することができます。

＊3　「1平方メートル当たりの造成費の金額」は、整地、土盛りまたは土止めに要する費用の額がおおむね同一と認められる地域ごとに、国税局長が定めています（宅地造成費の金額は、国税庁ホームページで閲覧することができます）。

相続税・贈与税編

Q1　相続が発生したら？

　相続は、被相続人の死亡により開始しますので、相続人は相続開始後、一定期間内に各種手続きを行う必要があります。具体的には、次の表のとおりです。

相続開始から	具体的な行動
3か月以内	①法定相続人を明確にする（被相続人の戸籍謄本等で確認） ②相続財産及び債務を把握する ③相続放棄又は限定承認している相続人の有無を確認
4か月以内	④被相続人の準確定申告書を提出する（被相続人に所得がある場合）
10か月以内	⑤相続財産等のうち、土地等の評価額を算定する ⑥相続人間で協議し、誰がどの財産を相続するか決定する ⑦協議・決定事項を明記した、「遺産分割協議書」を作成する ⑧相続税の申告を作成し提出する（申告期限）

　なお、申告期限までに「遺産分割協議書」の作成が困難な場合には、申告期限までに法定相続分を基に計算した相続税申告書を所轄税務署に提出し、後日、「遺産分割協議書」を基に再計算を行って各相続人の納付すべき相続税の額を確定させることになります。

　再計算の結果、相続税額が当初申告税額と異なる場合には、修正申告書もしくは更正の請求書を所轄税務署に提出して是正することになります。

参考	①　法定相続人を明確にするためには、被相続人が生まれてから死亡時までの戸籍謄本を取り寄せる必要があります。 ②　被相続人にその年の1月1日から死亡時までの間に一定額以上の収入がある場合には、被相続人名義の所得税等の準確定申告書を提出する必要があります。 ③　被相続人が多額な債権・債務を有している場合は、把握にかなりの時間を要しますので、弁護士や税理士等に依頼するのも一つ方法です。

Q2　法定相続人と法定相続分とは？

　法定相続人とは、被相続人の配偶者、血族（子、直系尊属〈父母や祖父母〉、兄弟姉妹）であることが戸籍謄本等で確認された者をいいます。

　相続人の配偶者及び子は法定相続人ですが、相続開始時前に死亡した子に子（被相続人にとっては孫）がいる場合や、相続を放棄した者がいる場合には、それらの者も含めて基礎控除額等を計算します。なお、被相続人の子Ａは相続開始前に死亡していますがＡに子（被相続人にとって孫）がいる場合、Ａの相続分をＡの子が相続することになります（これを代襲相続といいます）。

相続人	配偶者	子Ａ	子Ｂ	養子	Ａの子	人員
例1	○	○	○	―	―	3人
例2	○	（放棄）	○	―	―	3人
例3	○	（死亡）	○	―	2人	4人
例4	○	○	○	2人	―	4人
例5	○	―	○	3人	―	3人

注意	・子が相続放棄した場合であっても、相続税法では相続人に含めて計算する。 ・養子が2人以上の場合、実子がいれば1人、実子がいなければ2人と数える。

　法定相続人は、次の順位により被相続人の財産等を相続することができます。

区　分	配偶者の相続分	配偶者以外の相続分
子と配偶者が相続人である場合 （第1順位の相続人がいる場合）	1/2	子 1/2
配偶者と直系尊属が相続人である場合 （第2順位の相続人がいる場合）	2/3	被相続人の父母等 1/3
配偶者と兄弟姉妹が相続人である場合 （第3順位の相続人がいる場合）	3/4	被相続人の兄弟姉妹 1/4

Q3　相続の仕方は？

　相続の方法には次の3つの方法があります。

単純承認	＜被相続人の一切の権利・義務を継承する方法＞ 正の財産（資産）より負の財産（借金）が多い場合、相続人が負の財産（借金）を全額返済することになります。
相続放棄	＜被相続人の一切の権利・義務を放棄する方法＞ 相続開始の日から3か月以内に家庭裁判所に「相続放棄申述書」を提出し、承認を受ける必要があります。

限定承認	**＜正の財産（資産）の範囲内で、負の財産（借金）を引継ぐ方法＞** 相続開始日から３か月以内に家庭裁判所に「家事審判申立書」を提出し、受理されなければ認められません。

　なお、生前もしくは相続開始後に被相続人の（預金等を引き出すなど）財産を移動させている事実が確認された場合は、相続放棄等は認められませんので注意してください。

Q4　課税対象となる財産は？

　相続の開始により、相続人は被相続人の一身に専属したものを除き、被相続人の財産に属した一切の権利義務を承継することになります。【民法896】

相続税法上の課税財産 　　＝本来の相続財産＋みなし相続財産＋相続時精算課税制度に係る贈与財産

　本来の相続財産とは、法律上の根拠の有無を問わず、金銭に見積もることができる経済的価値のあるもの全てのものをいいます。【相基通11の２－１】

現金、預貯金、土地、家屋、機械、器具、商品、株式、公社債、家具、立木、自動車、電話加入権、貸付金、ゴルフ会員権、書画、骨とう、貴金属、宝石、営業権、借地権など

　相続税法では、地上権、永小作権、定期金に関する権利及び立木については評価方法を定め、その他の財産については当該財産の取得時の時価によると評価の原則を規定していますが、その時価の意義は解釈に委ねられています。【相法22条ほか】

　このため、国税庁では各財産の評価方法に共通する原則や各種財産の評価単位ごとの評価方法を具体的に定め、その内部的な取扱いを統一するなど、課税の公平の確保に努めるため「財産評価基本通達」を発遣し、納税者の申告納税の便宜を図っています。

Q5　みなし財産とは？

　みなし相続財産とは、法律的には「相続又は遺贈により取得した財産」には当たらないものの、実質的に本来の相続財産と同様の経済的効果のあるものを言います。

　相続開始後に支払われた生命保険金や退職金等は、みなし相続財産に該当しますので、次のような財産は相続財産に含めて計算することになります。

①生命保険金、損害保険金、②退職手当金、③生命保険契約に関する権利、④信託財産、⑤定期金に関する権利、⑥特別縁故者への財産分与、⑦低額譲渡、⑧債務免除益 ほか

生命保険金	保険料を負担した者によって取扱いが異なります。 ・被相続人が負担している場合は、みなし財産となります。 ・受取人が負担している場合は、受取人の一時所得となります。
退職手当金	名義のいかんにかかわらず実質上被相続人の退職手当金等として支給される金品（相基通3－19）で、死亡後3年以内に支給が確定したもの。 ・弔慰金等は非課税（相基通21の3－9、所基通9－23）
生命保険契約に関する権利	・契約期間中に事故がなく、かつ、保険料の負担者が被相続人で、保険契約者が被相続人以外の者の場合の保険に関する権利。 ・保険契約者が被相続人の場合は、本来の相続財産となる。

Q6 非課税財産と非課税限度額とは？

相続税法には相続財産についての規定はないが、相続財産とは一般的には「金銭に見積ることができる経済的価値のあるすべてのもの」と言えることから、法律的には相続又は遺贈により取得したとは言えないが、生命保険金のように経済的には相続等により取得したと同視すべきものについては、非課税限度額を超える金額は「みなし財産」として相続税の課税財産に含めることになっております。

ただし、次に掲げるものについては、社会政策的見地や国民感情等の理由から、非課税財産として取り扱われております。【相法12】

① 墓所、霊びょう、墓地、墓石、神棚、仏壇　など
② 宗教、慈善、学術、その他公益を目的とする事業を行うものが取得した財産
③ 心身障害者共済制度に基づく給付金をうける権利
④ 相続人取得の生命保険金のうち、一定金額分（非課税限度額＝500万円×法定相続人）
⑤ 相続人取得の死亡退職金のうち、一定金額分（非課税限度額＝500万円×法定相続人）
⑥ 国、地方公共団体及び特定公益法人に対して　贈与（寄附）した相続財産現金、預貯金、土地、家屋、機械、器具、商品、株式、公社債、家具、立木、自動車、電話加入権、貸付金、ゴルフ会員権、書画、骨とう、貴金属、宝石、営業権、借地権など

Q7　相続開始前の贈与財産は？

　令和6年1月1日以後に相続又は遺贈により財産を取得した者が、被相続人から当該相続の開始前7年以内に暦年課税による贈与を受けた財産がある場合には、その財産の価額（贈与時の財産評価額）を相続財産の課税価格に加算したうえで、相続税額を算出することになります。【相法19①前段】【相基通19－1】

　ただし、7年以内に贈与された財産の評価額については、3年以内に贈与された財産は全額を、4～7年前に贈与された財産については贈与財産の合計額から100万円を控除した金額を相続財産に加算することになります。

　なお、当該相続財産を取得しなかった者（相続時精算課税適用者を除く）が被相続人から7年以内に贈与を受けていたとしても、相続税の計算上、この贈与財産を相続財産に含める必要はありません。【相基通19－3】

　また、贈与により取得した財産に対しすでに納付した贈与税がある場合には、その相続人が納付すべき相続税額から当該贈与税を控除することになります。【相法19①後段】

Q8　預金名義と贈与の関係は？

　贈与があったかどうかについては、当該預金等の原資や管理方法並びに贈与契約の有無などの事実関係や関係書類を基に、税務当局が判断することになります。

　従って、単に被相続人の財産の一部を移管したと認められる親族名義の預金等や生前贈与であることを立証できなかった財産については、相続財産に含めて相続税を計算することになります。

　このため、生前に財産の一部を贈与する場合には、①いつ、②どれだけの財産を、③だれに贈与したのかを（書面で残すなどして）、贈与者と受贈者の間で明確にしておく必要があります（被相続人はこの世におりませんので、協力を得ることはできません）。

　なお、生前に贈与があったことを立証する方法として次のような方法があります。

　①　親族名義等に資金を移動した年度において贈与税の申告を行う
　②　預金名義人にあらかじめ預金等の存在を生前に知らせておく
　③　通帳や印鑑等を自分では管理しない　など

日頃から受贈者に帰属する預金等であることを明確にしておくことが大事です。

Q9 相続税の基礎控除とは？

相続税法では、相続税額を算出する際に、相続財産から法定相続人の数に応じた一定金額を控除することを認めております（これを基礎控除額といいます）。

基礎控除額＝ 3000万円 ＋ 600万円 × 法定相続人の数

従って、課税対象となる相続財産の合計金額が基礎控除額以下の場合は、「相続税の申告書」を提出する必要はありません。

ただし、申告の必要がないからと言って被相続人が残した相続財産の相続人を決めないでおくと、不動産の登記や凍結されている被相続人名義の預金等を引き出すことができませんので、速やかに相続人間で協議した結果を記載した「遺産分割協議書」を作成することをお勧めします。

法定相続人の数	1人	2人	3人	4人	5人
基 礎 控 除 額	3,600万円	4,200万円	4,800万円	5,400万円	6,000万円

Q10 相続税の計算の仕方は？

相続税は、相続財産の課税価格の合計額（財産の総額から債務、葬儀費用、非課税財産を控除した額）が基礎控除額を超える場合に課税されますので、たとえ課税価額が同一であったとしても、財産の種類や相続人の数などによって算出される納付税額が異なります。

相続人が被相続人の配偶者及び一親等の血族（法定相続人）である場合は、下記の計算式により算出された金額が各相続人の納付すべき相続税額となりますが、法定相続人以外の者が相続した財産に課される相続税は、法定相続人が納付すべき税額の2割増となります。

なお、申告期限までに納付が困難な場合には物納や延納の制度がありますが、この制度の適用を受けるためには、申請書や担保に関する書類を提出する必要があります。

相続税の計算式

課税対象財産の額 ＝ 財産の課税価格の合計額 ― 基礎控除額

相続税の額
＝各法定相続人が法定相続分を相続したことにして算出した相続税の合計額
相続人が納付すべき税額＝相続税の額×課税対象財産の額に占める相続財産の割合

Q11　配偶者の相続財産に対する相続税の軽減とは？

　配偶者が相続した財産のうち、「1億6,000万円」もしくは「配偶者の法定相続分相当額」のどちらか多い金額までは相続がかからないという制度です。

　これは、配偶者に対する相続は同一世代間の財産の移転であり、長年共同生活が営まれてきた配偶者に対する配慮、遺産の維持・管理・貢献（内助の功）を考慮して設けられたもので、軽減税額は以下のように算定します。ただし、原則として申告までに遺産分割が確定した財産に限ります。

　なお、配偶者に対して生前贈与がある場合は、配偶者の相続財産の課税価格及び相続税額の調整が必要となります。

○　軽減される相続税額…AとBの少ない方の金額
A　税額軽減の基となる金額……相続税の総額×（DとEの少ない方の金額÷C）
B　税額軽減の対象となる額……配偶者の相続財産にかかる相続税額
C　課税価額の合計額（各人の課税価格の合計）
D　Cのうち、配偶者の法定相続相当額（1.6億円に満たない場合は1.6億円）
E　配偶者が相続した財産の価額（協議により負担が確定した債務及び葬儀費用控除後の額）

Q12　相続税の税額控除とは？

　相続税の税額控除には、前述した控除のほか次のような控除があります。

贈与税額控除	相続財産に含めた相続開始7年以前の贈与財産に係る贈与税
障害者控除	一定の要件を満たす者が財産を相続した場合、控除可
相次相続控除	（両親に係る相続が10年以内にある場合）　二次相続時に最初の相続税の一部を控除可
外国税額控除	相続財産に対し、外国で納付税金がある場合は控除可

		計　算　式	平27.1.1以後
未成年者控除		（18歳－相続開始時の年齢）×	10万円
障害者控除	一般	（85歳－相続開始時の年齢）×	10万円
	特別	（85歳－相続開始時の年齢）×	20万円

（注）　相続開始時の年齢計算に当たっては、1年未満の端数は切捨てます。

Q13　相続税の税率は？

　相続税の計算は、課税遺産総額を各法定相続人が民法に定める法定相続分を取得したものと仮定して、各法定相続人が取得した相続財産の額を相続税の速算表（**下表**）に当てはめて、各相続人が負担すべき相続税を算出します。各法定相続人の相続税の合計額が課税遺産総額にかかる相続税額になります。

相続税の速算表

取得財産の額	税率	控　除　額	取得財産の額	税率	控　除　額
1,000万円以下	10%	－	2億円以下	40%	1,700万円
3,000万円以下	15%	50万円	3億円以下	45%	2,700万円
5,000万円以下	20%	200万円	6億円以下	50%	4,200万円
1億円以下	30%	700万円	6億円超	55%	7,200万円

Q14　遺産分割協議書とは？

　「遺産分割協議書」とは、被相続人が所有又は管理していた財産等を最終的にだれがどの財産を相続することになったのかを明記した書類ですから、この協議書には相続人全員の署名、押印（実印）が必要となります（相続人の一人でも反対者がいれば作成できません）。

　「遺産分割協議書」の写しは、①税務署（相続税申告書の添付書類）、②法務局（不動産の所有者名義の変更等）、③公共機関（所有者の名義変更等）、④金融機関（預金口座の名義変更等）において、名義変更等を行う際に提出を求められます（公的機関等においては、遺産分割協議書に基づいて名義変更を行うことになります）。

　なお、相続財産が基礎控除額を下回る（納税額が発生しない）場合であっても、後々

の親族間の財産争いを避ける意味から、「遺産分割協議書」を作成しておくことをお勧めします。

　また、作成に当たっては、税理士、司法書士又は弁護士等への相談をお勧めします。

Q15　申告期限までに遺産分割協議の作成が困難な場合には？

　申告期限までに遺産分割協議書の作成が困難な場合には、民法の法定相続分を元に計算した相続税申告書を被相続人の所轄税務署に提出することになります。その際には相続税の優遇規定（配偶者の税額軽減の特例、小規模住宅地等の特例など）の適用を受けることができませんが、一旦相続税の申告・納付をすることになります。

　なお、相続税申告書の提出時に「申告期限後3年以内の分割見込書」を提出することにより、後日、遺産分割協議が整ったところで「遺産分割協議書」を作成のうえ、各相続人の納付すべき税額を再計算することになります。納付すべき税額が当初申告と異なる場合は、遺産分割協議が行われた日の翌日から4か月以内に所轄税務署に修正申告書もしくは更正の請求書を提出することにより、優遇処置の適用を受けることができます。

Q16　遺留分侵害額請求とは？

　被相続人が「全財産を○○さん（特定の人物）に相続させる」旨を記載した遺言書を残していた場合、法律的には遺言書に従って相続が行われことになりますが、遺言書による相続を全面的に認めてしまうと、残された法定相続人（妻や子）の中には生活してくことが困難になってしまう人も出てきます。

　このため、法定相続人の権利を守る必要があることから、「遺言によっても侵害することができない最低限の権利」（遺留分）について民法に規定するとともに、遺留分割合を相続財産の1/2としています。【民法1028】

　被相続人が財産を遺留分権利者以外に贈与又は遺贈し、遺留分に相当する財産を受け取ることができなかった場合、遺留分権利者は、贈与又は遺贈を受けた者に対し、遺留分を侵害されたとして、その侵害額に相当する金銭の支払を請求することできます。これを「遺留分侵害額の請求」といいます。

　遺留分侵害額の請求は、遺留分に関する権利を行使する旨の意思表示を相手方にする必要がありますが、家庭裁判所の調停を申し立てただけでは相手方に対する意思表示とはなりません。調停の申立てとは別に内容証明郵便等により意思表示を行う必要があります。この遺留分に関する権利を行使する旨の意思表示をしないときは、遺留分侵害額

請求権は、相続の開始及び遺留分を侵害する贈与又は遺贈があったことを知った時から
1年又は相続開始の時から10年を経過したときに時効によって消滅します。

Q17 相続財産を売却して、相続税を納付した場合は？

相続開始日の翌日以降、申告書提出期限後3年以内に相続した不動産を譲渡した場合
には、譲渡所得の計算上、①譲渡価額の5％及び②土地等に係る相続税の一部が譲渡原
価として認められます。【措法39】

従って、相続開始日から3年10か月を経過するまでの間に相続した土地等を譲渡した
場合は、相続税の一部が土地の譲渡原価として認められることになります。

なお、譲渡所得の申告の際には、相続税の申告書の写しを添付する必要があります。

Q18 贈与税が課される財産と税率は？

贈与税の課税方法には、「暦年課税」と「相続時精算課税」の2つがあり、一定の要件
に該当する場合に「相続時精算課税」（Q19参照）を選択することができます。

暦年課税の贈与税は、1年間（1月1日から12月31日まで）に贈与を受けた財産の
合計額から基礎控除額の110万円を差し引いた残りの金額に対してかかります。従って、
1年間に贈与を受けた財産の合計額が110万円以下なら贈与税はかかりません（この場
合、贈与税の申告は不要です）。

以下の速算表は、「一般税率」の場合、例えば、兄弟間の贈与、夫婦間の贈与、親か
ら子への贈与で子が未成年者の場合などに使用します。「特例税率」は、贈与により財
産を取得した者（贈与を受けた年の1月1日において18歳＊以上の者に限ります）が、
直系尊属（父母や祖父母など）から贈与により取得した財産に係る贈与税の計算に使用
します。

＊令和4年3月31日以前の贈与については「20歳」となります。

贈与税の速算表

基礎控除後の課税価格	一般税率		特例税率	
	税率	控除額	税率	控除額
200万円以下の金額	10%	―	10%	―
300万円以下の金額	15%	10万円	15%	10万円
400万円以下の金額	20%	25万円		
600万円以下の金額	30%	65万円	20%	30万円
1,000万円以下の金額	40%	125万円	30%	90万円
1,500万円以下の金額	45%	175万円	40%	190万円
3,000万円以下の金額	50%	250万円	45%	265万円
4,500万円以下の金額	55%	400万円	50%	415万円
4,500万円超の金額			55%	640万円

Q19　相続時精算課税制度とは？

　相続時精算課税制度とは、原則として60歳以上の父母又は祖父母などが、18歳以上の子又は孫などに対し、財産を贈与する場合において選択できる贈与税の制度です。

　この制度を選択すると、その選択に係る贈与者（「特定贈与者」といいます）から贈与を受ける財産については、その選択をした年分以降すべてこの制度が適用され、「暦年課税」へ変更することはできません。

　相続時精算課税の適用を受ける贈与財産については、その選択をした年分以後、特定贈与者以外の者からの贈与財産と区分して、1年間に贈与を受けた財産の価額の合計額を基に贈与税額を計算します。

　その贈与税の額は、贈与財産の価額の合計額から、複数年にわたり利用できる特別控除額（限度額：2,500万円。ただし、前年以前において、すでにこの特別控除額を控除している場合は、残額が限度額となります）を控除した後の金額に、一律20パーセントの税率を乗じて算出します。

　また、特定贈与者である父母または祖父母などが亡くなった時の相続税の計算上、相続財産の価額にこの制度を適用した贈与財産の価額（贈与時の時価）を加算して相続税額を計算します。

　なお、相続時精算課税を選択した受贈者（以下「相続時精算課税適用者」といいま

す）が、特定贈与者*1 から令和6年1月1日以後に贈与により取得した財産に係るその年分の贈与税については、暦年課税の基礎控除とは別に、贈与税の課税価格から基礎控除額110万円*2 が控除されます。

　また、特定贈与者の死亡に係る相続税の課税価格に加算されるその特定贈与者から令和6年1月1日以後に贈与により取得した財産の価額は、基礎控除額を控除した後の残額とされます。

　相続時精算課税を選択しようとする受贈者（子または孫など）は、その選択に係る最初の贈与を受けた年の翌年2月1日から3月15日までの間（贈与税の申告書の提出期間）に納税地の所轄税務署長に対して「相続時精算課税選択届出書」を受贈者の戸籍の謄本などの一定の書類とともに贈与税の申告書に添付して提出する必要があります。

＊1　特定贈与者とは、相続時精算課税の選択に係る贈与者をいい、令和5年分以前の贈与税の申告において相続時精算課税を選択した場合も含みます。
＊2　同一年中に、2人以上の特定贈与者からの贈与により財産を取得した場合の基礎控除額110万円は、特定贈与者ごとの贈与税の課税価格であん分します。

Q20　申告期限までに納付が困難な場合は？

　申告期限までに納付が困難で次の要件に該当する場合は、延納もしくは物納が認められます。

延納申請ができる要件	備　考
納付税額が10万円を超えている	利子税が賦課される
金銭での納付が困難な事由があり、納付金額の範囲内である	期間は、原則5年以内
納期限までに申請書を提出	延納条件を履行することが困難となった場合には、申告期限から10年以内に限り、分納期限が未到来の税額部分について、延納から物納への変更が可能（特定物納）
延納税額及び利子税額相当額の担保提供が必要	延納税額が100万円以下、かつ、3年以内に納付可能な場合、担保提供の必要なし

順　位	物納に充てることのできる財産の種類
第1順位	①　不動産、船舶、国債証券、地方債証券、上場株式等※1 　※1　特別の法律により法人の発行する債券及び出資証券を含み、短期社債等を除く。
	②　不動産及び上場株式のうち物納劣後財産に該当するもの
第2順位	③　非上場株式等※2 　※2　特別の法律により法人の発行する債券及び出資証券を含み、短期社債等を除く。
	④　非上場株式のうち物納劣後財産に該当するもの
第3順位	⑤　動産

Q21　住宅購入資金の一部を両親等に援助してもらった場合は？

住宅取得等資金の非課税

　令和4年1月1日から令和8年12月31日までの間に、父母や祖父母など直系尊属からの贈与により、自己の居住の用に供する住宅用の家屋の新築、取得または増改築等（以下「新築等」といいます）の対価に充てるための金銭（以下「住宅取得等資金」といいます）を取得した場合において、一定の要件を満たすときは、次の非課税限度額までの金額について、贈与税が非課税となります（以下「非課税の特例」といいます）。

相続時精算課税選択の特例

　平成15年1月1日から令和8年12月31日までの間に住宅用の家屋の新築等のための金銭の贈与を受けた場合には、一定の要件などを満たせば、贈与者（父母や祖父母など）が60歳未満であっても相続時精算課税を選択することができます。

　また、「相続時精算課税制度」の要件を満たし、これを選択した場合は最高2,500万円までの特別控除を受けられ、その使途についても問われることはありません。

　なお、相続時精算課税制度の要件である受贈者の年齢が60歳未満であっても、推定相続人である受贈者（18歳以上）が住宅購入資金として父母から贈与を受けた場合は、この制度の適用を受けることができます。

　この特例を受けるためには、「相続時精算課税選択届出書」のほかに、購入した住宅の登記事項証明書や住民票などの添付が必要です。

　養父母からの贈与についても同様の取扱いになります。

Q22　親の土地に子供が家を建てた場合は？

　他人の土地を借りて家を建てる場合は、権利金を支払うことが経済取引の慣行であり、この対価として「借地権」という土地上の権利を有することになります。しかし、親子間や親族間などにおいてはこのようなことは行われず、土地を無償で借り家を建てること（「土地の使用貸借」といいます）が社会的にも当たり前のこととして認識されています。

　このように、親が所有する土地に子供が家を建てたとしても、使用貸借により土地を使用する権利の価額はゼロとして取り扱われていますので、子供が借地権相当額の贈与を受けたとして贈与税が課税されることはありません。また、子供が固定資産税を支払ったとしても、贈与したことにはなりません。

　なお、この使用貸借されている土地は、将来親から子供が相続する時に相続税の対象となります。このような土地に対して相続が発生した場合、貸宅地としての評価減はなく、自用地として評価することになります。

Q23　居住用不動産を夫婦間で贈与した場合は？

　贈与税における配偶者控除は、①同一世代間における贈与である、②夫婦の財産は共同で形成したとの考えがあり贈与したという認識が薄い、③配偶者の老後の生活保障を維持するために行われる場合が多い、ことなどの理由から設けられました。

　婚姻期間が20年以上の夫婦の間で、居住用不動産又は居住用不動産を取得するための金銭の贈与が行われた場合、基礎控除110万円のほかに最高2,000万円まで控除（配偶者控除）できるという特例です。ただし、この特例は同一の配偶者からの贈与については一生に一度しか受けることができません。

　なお、この特例は、贈与税の申告書等に、この特例の適用により控除を受ける金額（配偶者控除額）その他必要な事項を記載するとともに、①受贈者の戸籍の謄本又は抄本、②受贈者の戸籍の附票の写し、③登記事項証明書などで受贈者が控除の対象となった居住用不動産を取得したことを証する書類を添付して提出する必要があります。

Q24　法人版事業承継税制とは？

　非上場株式等についての贈与税・相続税の納税猶予・免除（法人版事業承継税制）は、後継者である受贈者・相続人等が、円滑化法* の認定を受けている非上場会社の株式等

を贈与又は相続等により取得した場合において、その非上場株式等に係る贈与税・相続税について、一定の要件のもと、その納税を猶予し、後継者の死亡等により、納税が猶予されている贈与税・相続税の納付が免除される制度です。

　法人版事業承継税制には、「一般措置」と「特例措置」の２つの制度があり、特例措置については、事前の計画策定等や適用期限が設けられていますが、納税猶予の対象となる非上場株式等の制限（総株式数の最大３分の２まで）の撤廃や納税猶予割合の引上げ（80％から100％）がされているなどの違いがあります。

＊法人版事業承継税制の適用に当たっては、「中小企業における経営の承継の円滑化に関する法律」に基づく認定等が必要となります（認定等に係る申請書・報告書の提出に関する窓口・問い合わせ先は、都道府県の担当課となります）。

特例措置と一般措置の比較

	特 例 措 置	一 般 措 置
事前の計画策定等	特例承継計画の提出 平成30年４月１日から 令和８年３月31日まで	不要
適用期限	次の期間の贈与・相続等 平成30年１月１日から 令和９年12月31日まで	なし
対象株数[1]	全株式	総株式数の最大３分の２まで
納税猶予割合	100％	贈与：100％ 相続：80％
承継パターン	複数の株主から最大３人の後継者	複数の株主から１人の後継者
雇用確保要件	弾力化[2] （平均８割を満たさない場合も可）	承継後５年間 平均８割の雇用維持が必要
事業の継続が困難な事由が生じた場合の免除	あり	なし
相続時精算課税の適用	60歳以上の者から18歳以上の者への贈与	60歳以上の者から18歳以上の推定相続人（直系卑属）・孫への贈与

＊１　議決権に制限のない株式等に限ります。
＊２　雇用確保要件を満たさなかった場合には、中小企業における経営の承継の円滑化に関する法律施行規則に基づき、要件を満たさなかった理由等を記載した報告書を都道府県知事に提出し、その確認を受ける必要があります。

法 人 税 編

Q1 法人の設立等に必要な届出書類は？

法人の設立、解散等を行った場合は、法務局に登記していただくとともに、所轄税務署長に対して、次のような書類を提出する必要があります。

項　　目	提出書類	提出期限
法人の設立	法人設立届出書	設立後２か月以内
法人の解散	異動届出書	解散登記後遅滞なく
清算結了	異動届出書	結了登記後遅滞なく
本店等を異動した場合	異動届出書	異動登記後遅滞なく
休業した場合	（異動届出書）休業日、休業の理由を記載	遅滞なく（期限なし）
給与の支給を開始する場合	給与支払事務所等の開設届出書	事業所等の開設日から１か月以内
青色申告の承認を受ける場合	青色申告の承認申請書	・適用を受けようとする事業年度開始の日の前日 ・新設法人は、設立日から３か月経過した日と設立１期目の事業年度終了の日のいずれか早い日の前日

Q2 収益（売上等）の計上時期は？

法人税法では、法人税法第21条において「各事業年度の所得に対する法人税の課税標準は、各事業年度の所得の金額とする」と定め、同法第22条第1項ではこれを展開し、「各事業年度の所得の金額は、当該事業年度の益金の額から、当該事業年度の損金の額を控除した金額」と定めている。また、同条４項に「第２項に規定する収益等の金額は、一般に公正妥当と認められる会計処理の基準に従って計算されるものとする」と定めています。

今日の期間損益の計算においては、原則として費用収益の認識に発生主義が取られて

いますが、現実にその収益が実現していなければ収益としての確実性を欠くことになります。

この場合、一般に収益の実現は販売を意味しているので、一般的には販売主義ないしは販売基準であるといわれています。

収益の計上時期等については、基本通達に取扱いが詳細に定められています。

	帰属の時期	税制上の取扱い （下記の基準による計上も認められる）
棚卸資産	引渡しのあった日	①　出荷した日（出荷基準） ②　相手方が検収した日（検収基準） ③　相手方において使用できることとなった日（使用収益開始基準） ④　検診等により販売数量を確認した日（検針日基準）
固定資産	引渡しのあった日	①　契約の効力発生の日
請負契約	引渡しのあった日 又は 役務を完了した日	①　作業を結了した日（作業結了基準） ②　相手方の受入場所へ搬入した日（受入場所への搬入基準） ③　相手方が検収を完了した日（検収完了基準）

Q3　青色申告書を提出した事業年度の欠損金の繰越控除とは？

確定申告書を提出する法人の各事業年度開始の日前10年以内*に開始した事業年度において青色申告書を提出した事業年度に生じた欠損金額は、各事業年度の所得金額の計算上損金の額に算入されます。

欠損金の繰越控除が認められる法人は、欠損金額が生じた事業年度において青色申告書である確定申告書を提出し、かつ、その後の各事業年度について連続して確定申告書を提出している法人です。

なお、欠損金を有する法人を買収した上で利益の見込まれる法人に移転させ、課税所得を圧縮するといった租税回避行為が多く見受けられたことから、租税回避行為を防止するため、欠損金を利用するための買収と認められる場合には、その買収された法人の欠損金の繰越控除を認めない措置が講じられています。

留意事項	1 欠損金額に相当する金額は、損金算入のほか繰戻し還付を受けることもできますが、同時期に損金算入や還付を受けることはできません。 2 各期の欠損金額相当額の損金算入額は、繰越欠損金控除前の所得金額を限度とします。 3 繰越欠損金は、古い事業年度において生じたものから、順次損金算入します。 4 公益法人等の繰越欠損金の損金算入が適用されるものは、収益事業について生じたものに限られます。

Q4 役員に対する給与の取扱いは？

　法人税法上の役員の範囲は、取締役等で会社法その他の法令に基づき選任された役員よりも広く規定されています。

　例えば、法人税法上の役員*には、株主総会等により選任され登記されている役員のほか、法形式上は役員になっていないものの、実質的に法人の経営に従事して、その意思決定に大きな影響力を持つと認められる者が含まれます。【法法２十五、法令7】

　法人がその役員に対して支給する給与のうち、次の「定期同額給与」「事前確定届出給与」「業績連動給与」に掲げる給与のいずれにも該当しない支払の額は損金算入が認められません。【法法34①】

　ただし、これらの給与には、債務の免除による利益その他の経済的な利益を含み、業績連動給与に該当しない退職給与及び使用人兼務役員に対して支給する使用人分給与は含まれず（使用人としての職務に対する給与の金額は損金算入が認められます）、また、不相当に高額な部分の金額及び事実を隠蔽又は仮装して経理することにより役員に対して支給する給与は損金の額に算入されません。【法法34①②③④)】

＊①法人の取締役、執行役、会計参与、監査役、理事、監事及び清算人（会社法等で定められた役員）、②会長、相談役、顧問等のように、登記上の役員ではないが、使用人以外の者で法人の経営に従事している（法人の主要な業務執行の意思決定に参画している）者（法令7一）等

一定の役員給与の損金算入【法法34①】

定 期 同 額 給 与	支給時期が一月以下の一定期間ごとで、その事業年度の各支給時期における支給額が同額である給与
事前確定届出給与	その役員の職務につき所定の時期に確定した額の金銭などを交付する旨の定めに基づいて支給する給与で、納税地の所轄税務署長にその定めの内容に関する届出をしているもの

業 績 連 動 給 与	法人（同族会社にあっては同族会社以外の法人との間にその法人による完全支配関係がある法人に限る。）が業務を執行する役員に対して支給する業績連動型給与で一定の要件を満たすもの

Q5　減価償却資産の償却限度額とは？

　減価償却資産は損金の額に算入されるべきものですが、費用配分手続きを全て法人の任意に委ねると課税の公平が期せられないため、法人税法では常に法人が行った損金経理の償却額を基礎として課税所得の計算上損金の額に算入する金額の判定（限度額の算定）を行うよう規制を加えています。

損金経理の原則	減価償却資産は、各事業年度終了のときにおける確定した決算に基づく貸借対照表に計上されているもの及びその他の資産でその取得額を償却費として損金経理したものに限り、償却費として損金算入が認められる。 従って、取得費の全部又は一部を資産に計上せず、かつ、その取得価額を償却費として損金経理したと認められない場合には、償却限度額の計算をすることはできません。
損金経理したと認められるもの	・取得価額に算入すべき付随費用のうち原価外処理した金額 ・資本的支出を修繕費として経理した金額 ・少額な減価償却資産として損金経理した金額　など

	平成19年3月31日以前の資産の償却方法	平成19年4月1日以後の資産の償却方法
定 額 法	（取得価額−残存価額）×旧償却率	取得価額×償却率
定 率 法	（取得価額−損金の額に算入された償却額）×旧償却率（残存価額を見込む率）	（取得価額−損金の額に算入された償却額）×償却率
生産高比例法	採掘数量×（取得価額−残存価額）÷耐用年数期間内の採掘予定数量	採掘数量×取得価額÷耐用年数期間内の採掘予定数量

＊償却限度額が償却保証額[注]に満たない場合、改定取得価額に改定償却率を乗じたものが償却限度額となります。

　（注）　償却保証額とは、減価償却資産の取得価額にその減価償却資産の耐用年数に応じた保証率（耐用年数省令別表第九、十に規定）を乗じて計算した金額です。

Q6　中小企業者等の少額減価償却資産の取扱いは？

　減価償却資産は、事業の用に供されてから除却されるまでの間に、その資産の持っている効用を法人の事業活動に寄与しながら徐々にその価値を減少させていくことなので、取得価額を事業の用に供した事業年度の一時の損金にはできません。

　しかし、これを強く主張することは法人の経理を煩雑にするばかりであり、また、経済的な面からみても一定の限度があることから、一定の少額の減価償却資産（リース資産を除く）等については、次のような損金算入の特例規定が設けられています。

	対象者及び適用条件等	経理処理等の条件
原則	①　取得した減価償却資産の使用可能期間が１年未満である ②　減価償却資産の取得価額が10万円未満である	①　事業の用に、供している ②　取得価額を損金経理している なお、取得価額については、通常１単位として取引されるその単位ごとに判定する
例外	中小企業者又は農業協同組合等である青色申告法人に限り適用 ①　平成18年４月１日～令和８年３月31日の間に取得した ②　減価償却資産の取得価額が30万円未満である ③　取得価額の合計額のうち300万円までの金額が限度	
一括償却	（上記の適用を選択していない場合に限り、一括償却ができる） 取得価額が20万円未満の場合、減価償却資産の全部又は一部の合計額について、事業年度ごとに３年間で損金の額に算入することができます。	

＊１　法人税の申告書等をe-Taxで提出しなければならない法人（農業協同組合等）のうち、常時使用する従業員が300人を超える法人が対象から除外されました（令和６年４月１日以後取得等する少額減価償却資産から適用）。

＊２　常時使用する従業員の数が500人以下の法人に限ります。

＜算式＞

$$\text{例外}\quad \left(\begin{array}{c}\text{取得価額30万円未満の減価償}\\\text{却資産の取得価額の合計額が}\\\text{300万円に達するまでの金額}\end{array}\right) \times \frac{\text{その事業年度の月数}}{12}$$

$$\text{一括償却}\quad \left(\begin{array}{c}\text{一括償却資産の}\\\text{取得価額の合計額}\end{array}\right) \times \frac{\text{その事業年度の月数}}{36}$$

Q7 「資本的支出」と「修繕費」の違いは？

　法人がその有する固定資産について（修理費、改良費、その他の名義にかかわらず）支出した金額のうち、①使用可能期間を延長させた部分、②資産の価値を増加させた部分に対応する金額を資本的支出とし、それ以外の金額を修繕費として区分することとしています。

資本的支出と修繕費の例示（法基通7−8−1）

資本的支出	①　建物の避難階段の取付けなど、物理的に付加した部分の係る金額 ②　用途変更のための模様替えなど、改造又は改装に直接要した金額 ③　機械の部品品の品質又は性能の高いものに取り替えた場合は、通常の取り替えに要すると認められる費用の額を超える金額 （建物の増築、構築物の拡張、延長等に係る費用が建物等の取得費に該当）
修　繕　費	①　おおむね3年以内の期間を周期として行われる修理、改良などであるとき、または一つの修理、改良などの金額が20万円未満のとき。 ②　一つの修理、改良などの金額のうちに資本的支出か修繕費か明らかでない金額がある場合で、その金額が60万円未満のとき又はその資産の前年末の取得価額のおおむね10パーセント相当額以下であるとき。

(注)　「修繕費」については、一つの修理、改良などの金額のうちに資本的支出か修繕費か明らかでない金額がある場合で、上記①又は②に該当しない場合は、「資本的支出と修繕費の区分の特例（法基通7−8−5）」により資本的支出と修繕費に区分することが認められています。

Q8 「資本的支出」を行った場合の減価償却費は？

　資本的支出を行った場合の減価償却は以下のようになります。

＜平成19年3月31日以前に行った資本的支出＞

　その資本的支出を行った減価償却資産の取得価額に、その資本的支出を加算して減価償却を行います。

＜平成19年4月1日以後に行った資本的支出＞

①　原則

　その資本的支出を行った減価償却資産と種類および耐用年数を同じくする減価償却資産を新たに取得したものとして、その資本的支出を取得価額として減価償却を行い

ます。

② 特例

　イ　平成19年３月31日以前に取得した減価償却資産に資本的支出を行った場合

　　　上記①の原則にかかわらず、その資本的支出を行った減価償却資産の取得価額に、その資本的支出を加算して減価償却を行うことができます。

　ロ　定率法を採用している減価償却資産に資本的支出を行った場合

　　　平成19年４月１日以後に取得した定率法を採用している減価償却資産に資本的支出を行った場合、資本的支出を行った翌年１月１日において、その資本的支出を行った減価償却資産の期首未償却残高と上記①の原則により新たに取得したものとされた減価償却資産（資本的支出の部分）の期首未償却残高の合計額を取得価額とする一の減価償却資産を新たに取得したものとして減価償却を行うことができます。

　（注）　平成23年12月の償却率の改正により、平成24年４月１日以後に取得したものとされる減価償却資産については200パーセント定率法を、平成24年３月31日以前に取得した減価償却資産は250パーセント定率法を適用することになります。

Ｑ９　中古資産の耐用年数の計算方法は？

　耐用年数の全部又は一部を経過した減価償却資産（以下「中古資産」といいます）を新たに取得して事業の用に供した場合の耐用年数は、法定耐用年数によらないで、次のいずれかの方法で算出した年数によることができます。【耐令３①】

　なお、中古資産についての使用期間の算定は、その事業の用に供した事業年度においては算定できますが、その後の事業年度においてはできません。【耐通１－５－１】

見積法	事業の用に供したとき以後の使用期間の年数による方法 なお、耐用年数の算定に当たっては、通常の効用持続年数の考え方を基礎として、耐用年数の算定方式に準拠して算定する。
簡便法	見積法が困難な場合には、次の計算式により計算した年数とすることができる。 ①　法定耐用年数の全部を経過したもの……法定年数×20÷100 ②　一部を経過したもの…… 　　（法定耐用年数－経過年数）＋経過年数×20÷100 （年数に１年未満の端数がある場合は切り捨て、２年未満の場合は２年とする）
その他	取得した中古資産に対する資本的支出が取得価額の50％相当額を超えるときは、簡便法の取扱いが適用できないため、法定耐用年数で計算することになるが、対象となる財産により特例が設けられており、個別事案とすることが望ましい。

Q10　交際費等の範囲と損金不算入額の計算は？

　交際費とは、交際費、接待費、機密費、その他の費用で、法人が得意先、仕入先、その他事業に関係ある者等に対する接待、供応、慰安、贈答、その他これに類する行為のために支出するものをいいます。【措法61の4③】

　なお、次のような費用は交際費等から除かれます。

①　専ら従業員の福利厚生のための運動会や旅行等に通常要する費用

②　飲食その他これに類する行為のために要する費用（もっぱらその法人の役員若しくは従業員又はこれらの親族に対する接待等のために支出するものを除きます）で、その飲食費として支出する金額をその飲食等に参加した者の数で除して計算した金額が10,000円（令和6年3月31日以前に支出する飲食費は5,000円）以下となる費用*

③　広告宣伝のためのカレンダーや手帳等の作成費用

④　会議に関連してお茶菓子や弁当程度のもてなしをする費用

⑤　出版、放送のための取材費等の費用

　＊この飲食費については、飲食等のあった年月日等の所定の事項を記載した書類を保存している場合に限り、認められます。

　法人が支出する交際費等の額は、原則として損金の額に算入されませんが、平成26年4月1日以後に開始する事業年度から、その事業年度終了の日における資本金等の額が100億円以下である法人については、その交際費等の額のうち、接待飲食費の額の50％までを損金算入できる措置が設けられています。

　さらに、資本金等の額が1億円以下の中小法人については、上記の特例との選択適用で、定額控除限度額800万円まで損金算入を認める措置が設けられています。

支出する費用が交際費に該当するかの判断要素

支出の対象者	得意先等の直接取引関係にある者だけでなく、間接的にその利害関係にある者（得意先の取引先など）及びその法人の役員、従業員、株主等も含まれる。
支出の目的	事業関係者間の親睦の度を密にしてその歓心を買い、取引の円滑な進行を目的として支出されるもの（取引先の従業員に対する謝礼、供応、慰安、贈答等のために支出する費用も含まれる）。

支出の基因となる行為の態様	交際費については、接待等が行われた行為を捉えて課税することとしており、支出した費用について仮払又は未払等の経理がなされていなくても、接待等の行為があったときの事業年度の交際費の額に含めて計算される。

Q11　寄附金とされるものは？

　法人税法上の寄附金とは、法人が行った金銭その他の資産又は経済的な利益の贈与又は無償の供与をいい、社会通念上の寄附金の概念よりその範囲は広くなっています。【法法37⑦】

　法人税法上の寄附金に該当性は、個々の実態により判断します。例えば、社会事業団体、政治団体に対する拠金や神社の祭礼等の寄贈金などのように、事業に直接関係ない者に対する金銭でした贈与は、原則として寄附金として取り扱われます。

　金銭その他の資産又は経済的利益の贈与又は無償の供与であっても、法人の事業遂行と直接関係のあると認められる広告宣伝及び見本品の費用、その他これらに類する費用並びに交際費、接待費及び福利厚生費とされるものは、寄附金から除かれます。

　寄附金は現実に支払った事業年度の損金として取り扱うこととされています。【法令78】従って、現実に支払われるまでは、寄附金の支払がなかったものとされますので、寄附金を未払計上しても、その計上した事業年度では損金の額に算入されず、実際に支払った事業年度の寄附金として取り扱われます。また、支払った事業年度に損金の額に算入せず、仮払金等の仮勘定で経理していた場合、その支出した事業年度の寄附金として取り扱うこととされています。

　寄附金の支払先の区分による取扱いは、以下のとおりです。

	寄附金の区分	取　扱　い
①	一般の寄附金	以下を限度として損金算入（資本金及び資本準備金の額の0.25％＋所得金額の2.5％）×1/4
②	完全支配関係がある他の法人に対する寄附金	全額損金算入できない。
③	国又は地方公共団体に対する寄附金	全額損金算入できる。
④	財務大臣が指定した寄附金（指定寄附金）	
⑤	特定公益増進法人に対する寄附金	

⑥	特定公益信託財産とするために支出する金銭等（公益増進信託に限る）	以下を限度として損金算入（資本金及び資本準備の額の0.375％＋所得金額の6.25％）
⑦	認定特定非営利活動法人（認定NPO法人）に対する寄附金	
⑧	国外関連者に対する寄附金	全額損金算入できない。

Q12　企業版ふるさと納税とは？

　企業版ふるさと納税（「地方創生応援税制」といいます）とは、国が認定した地方公共団体の地方創生の取り組みに対し、企業が寄附を行った場合に、法人関係税から税額控除する制度です。令和2年の税制改正により、最大で寄附額の9割が軽減される制度です。

　自治体に寄附する場合は損金算入として約3割が控除されますが、企業版ふるさと納税による寄附の場合は損金算入による約3割に加えて、法人関係税が最大6割控除されるため、全体として最大約9割の税の軽減効果が得られます。つまり最大控除の場合は約1割の負担で地域貢献ができ、寄附による社会貢献を通じた法人のイメージアップや認知度の向上など様々なメリットを享受できます。

　個人版のふるさと納税では、寄附先からの返礼品を受けることができますが、企業版ふるさと納税では、返礼品などの『経済的な利益』を受け取ることが制度上、禁止されています。

　令和2年10月には企業の人材を自治体に派遣することで企業版ふるさと納税を活用できる『人材派遣型』が創設されています。

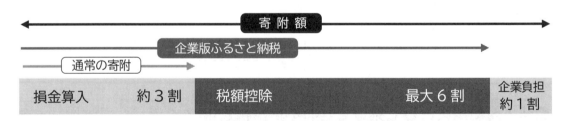

①	法人住民税	寄附額の4割を税額控除（法人住民税法人税割の20％が上限）
②	法　人　税	法人住民税で4割に達しない場合、その残額を税額控除。ただし、寄附額の1割を限度（法人税の5％が上限）
③	法人事業税	寄附額の2割を税額控除（法人事業税の20％が上限）

Q13　租税公課等の損金算入の可否は？

　法人が納付する租税公課は、国税、地方税を問わず、企業会計上は一般に経費として処理されますが、法人税法では一定の租税公課について別段の定めを設け、損金の額に算入しないこととしています。

	損金算入が認められるもの	損金算入が認められないもの
国　　　税	消費税、利子税、印紙税、法人税から控除しなかった所得税	法人税、地方法人税、加算税・延滞税、法人税から控除した所得税、罰金、過料及び交通反則金
地　方　税	地方消費税、事業税、固定資産税、自動車税、都市計画税	都道府県民税、市町村民税、都道府県民税等にかかる加算金・延滞金
外国法人税	税額控除を選択しない場合	税額控除を選択した場合

租税公課の損金算入の時期

申告納税方式	・申告書に記載された税額は、確定申告書が提出された日の属する事業年度 ・更正又は決定に係る税額は、更正又は決定があった日の属する事業年度 ・申告期限未到来の税金（酒税、地価税等）は、損金経理した事業年度
賦課課税方式	・賦課決定のあった日の属する事業年度 ・ただし、納付すべき税額が確定している場合は、その納期開始日の属する事業年度又は実際に納付した日の属する事業年度において損金経理した場合はその事業年度
特別徴収方式	・納入申告書に係る税額は、その申告の日の属する事業年度 ・更正又は決定による不足税額については、更正又は決定があった日の属する事業年度 　申告期限未到来の税金については、損金経理した事業年度

Q14　貸倒損失として処理できる不良債権とは？

　法人の有する金銭債権が回収不能になったことによる損失の額は、各事業年度の所得の計算上損金の額に算入されます。【法法22③三】

　なお、金銭債権が回収不能になったかどうかは、金銭債権の一部が法的に消滅した場合は別として、原則として金銭債権全体について判定することになりますので、貸倒れとしては、債務者の支払能力等の実情により個別的に判定していくこととなります。

貸倒れ	事実の態様	処理方法等	取扱い
法律上の貸倒れ	債権の全部又は一部が法的手段により切り捨てられた部分又は債権放棄の手続きが行われた場合【法基通9－6－1】	経理方法、処理方法を問わない	強制的に損金算入
事実上の貸倒れ	金銭債権は法的には消滅してはいないが、債務者の資産状況、支払能力等からみて全額が回収できないことが明らかとなった場合【法基通9－6－2】	貸倒損失として損金経理処理	貸倒損失として、損金算入が認められる
形式上の貸倒れ	売掛債権について取引停止後、1年以上経過した場合【法基通9－6－3】	損金経理処理	損金算入が認められる

Q15　電子帳簿保存法の概要は？

　国税関係帳簿書類の保存方法として従来は紙での保管が主体でしたが、IT技術を活用したコスト削減及び業務の効率化のニーズの高まってきたこともあり、電子帳簿保存法の制定により電磁的記録（電子データ）による保存が認められることになりました。

　ここでは、電子帳簿等保存制度の「電子帳簿等保存」、「スキャナ保存」、「電子取引」について、それぞれの制度ごとに概要を説明します。

電子帳簿保存

　税法上保存が必要な帳簿・書類をパソコン等で作成した場合は、プリントアウトせずにデータのまま保存することができます。

　データ保存ができるのは、以下の帳簿・書類です。

- 会計ソフトで作成している仕訳帳、総勘定元帳、経費帳、売上帳、仕入帳などの帳簿
- 会計ソフトで作成した損益計算書、貸借対照表などの決算関係書類
- パソコンで作成した見積書、請求書、納品書、領収書などを取引相手に紙で渡したときの書類の控え

　会計ソフトで作った帳簿は、訂正削除履歴が残らない帳簿でも、「システムの説明書やディスプレイ等を備え付けていること」「税務職員からのデータの「ダウンロードの求め」に応じることができること」の要件を満たせば電子データのまま保存することができます（データで保存できる帳簿は、正規の簿記の原則に従って作成されている帳簿に限ります）。

　また、一定の帳簿を訂正削除履歴が残るなどの「優良な電子帳簿」の要件を満たして

保存していれば、過少申告加算税の軽減措置の適用を受けることができます（あらかじめ届出書を提出している必要があります）。

スキャナ保存

　紙の領収書・請求書などは、その書類自体を保存する代わりに、スマホやスキャナで読み取った電子データを保存することができます。

　スキャナ保存ができるのは、以下の書類です。

• 取引相手から紙で受け取った書類 • 手書などで作成して取引相手に紙で渡す書類の写し	（例）契約書、見積書、注文書、納品書、検収書、請求書、領収書など（決算関係書類を除く国税関係書類）

　スキャナ保存を行うと、読み取った後の紙の書類を廃棄できるので、紙の書類のファイリング作業や保存スペースが不要になるほか、領収書などをスマホで読み取って経理担当者に送付すれば、書類の受け渡しから保存までをスキャナデータのみでできます。

　スキャナ保存を始めるための特別な手続きは、原則必要ないので、任意のタイミングで始められます。

＊スキャナ保存を始めた日より前に作成・受領した重要書類（過去分重要書類）をスキャナ保存する場合は、あらかじめ税務署に届出書を提出する必要があります。

電子取引

　申告所得税・法人税に関して帳簿・書類を保存する義務のある人が、注文書・契約書・送り状・領収書・見積書・請求書などに相当する電子データをやりとりした場合には、その電子データ（電子取引データ）を保存しなければなりません。
データの保存が必要なのは以下の書類です。

• 紙でやりとりしていた場合に保存が必要な書類（注文書・契約書・送り状・領収書・見積書・請求書など）に相当するデータを保存する必要がある。 • あくまでデータでやりとりしたものが対象であり、紙でやりとりしたものをデータ化しなければならない訳ではない。 • 受け取った場合だけでなく、送った場合にも保存する必要がある。

　データを保存するには、改ざん防止のための措置[*1]をとるとともに、「日付・金額・取引先」で検索[*2]できるようにする必要があります。また、それらを可視化するためのディスプレイやプリンタ等を備え付ける必要もあります。

＊1　「改ざん防止のための事務処理規程を定めて守る」といったシステム費用等をかけずに導入できる方法もあります（改ざん防止のための事務処理規程のサンプルは、国税庁 HP に掲載しています）。

＊2　専用のシステムを導入していない場合でも、①表計算ソフト等で索引簿を作成する方法、②規則的なファイル名を付す方法──もあります（詳しくは国税庁ホームページをご覧ください）。

源泉所得税編

Q1　給与を支払う際の源泉徴収額は？

　所得税法には、給与等の支払者はその支払金額について所得税の源泉徴収義務があると規定され、さらに、源泉徴収した所得税の納税義務は、源泉徴収の対象となる給与等の支払の時に成立すると国税通則法に規定されています。【所法6、通法15②二】

　この規定により、法人の設立や支店等を開設し給与の支払事務を行うことになった場合には、その事実が生じた日から1か月以内に「給与支払事務所等の開設届」を給与支払事務所等の住所地の所轄税務署長に提出する必要があります（個人事業者は「個人事業の開業等の届出書」）。

　なお、給与の支払形態により「給与所得の源泉徴収税額表」の適用欄は異なりますが、社会保険料控除後の金額と扶養親族等の数をもとに徴収すべき税額を算出することになります。

源泉徴収税額表の適用区分

給与の支払形態	適用する税額表	主たる給与	従たる給与
毎月、半月、10日ごとに支払う場合	月額表	甲欄	乙欄
毎日、毎週、日割りで支払う場合	日額表	甲欄	
日雇い賃金	日額表	（丙欄）	

（注）　主たる給与とは、「給与所得者の扶養控除等申告書」の提出のあった者に払う給与。

　また、賞与に対する源泉徴収税額は、「給与所得の源泉徴収税額表」の中にある「賞与に対する源泉徴収税額の算出率の表」を用いて算出することになります。具体的には、賞与支払月の前月分の給与の額（社会保険料控除後の金額）と扶養親族等の数をもとに税率を確認し、その税率を賞与の額（社会保険料控除後の金額）に乗じて算出することになります。

参考	源泉徴収は分割払や概算払であるかを問わず、支払の都度徴収する必要があります。なお、資金繰り等により一部に未払いが生じた場合、未払分に相当する源泉所得税については、支払時まで徴収する必要はありませんが、その年の12月末までに確定した未払給与に対する源泉所得税は、一時的に納付する必要があります。

Q2　通勤手当の非課税限度額は？

　給与所得者が通常の給与に加算して受けとる通勤手当や通勤用定期乗車券のうち、所得税法で定める非課税限度額は次の通りです。

区　　分			非課税限度額	
①　交通機関又は有料道路を利用している者に支給する通勤手当（定期乗車券を含む）			1月あたりの合理的な運賃等の額 （最高限度額　150,000円）	
②　自転車や自動車などの交通用具を使用している者に支給する通勤定期	通勤距離	片道55km 以上	31,600円	この規定金額を超えて支給された交通費は給与に加算することになります。
		片道45km 以上　55km 未満	28,000円	
		片道35km 以上　45km 未満	24,400円	
		片道25km 以上　35km 未満	18,700円	
		片道15km 以上　25km 未満	12,900円	
		片道10km 以上　15km 未満	7,100円	
		片道2km 以上　10km 未満	4,200円	
		片道2km 未満	全額課税	
①及び②の両方を使用している場合			①と②の合計額 （最高限度額　150,000円）	

Q3　年末調整を行う前までに確認しておく必要がある書類は？

　年末調整は「給与所得者の扶養控除等（異動）申告書」を提出している者について、その年中に支払った給与のすべての額（中途採用者については、採用前の給与等の額も含む）を基礎として計算します。従って、採用前の収入がわからない場合や源泉徴収票の提出がない場合、もしくは2か所以上から給与を受けている場合には、年末調整では給与所得の清算をすることができないため確定申告をしていただく必要があります。

　年末調整は確定申告と同様の効果がありますので、年末調整の際には①「扶養控除等申告書」をもとに控除対象配偶者及び扶養親族に該当する者であるか否かの確認、②「保険料控除申告書」による生命保険料等の支払額の確認（一部証明書の添付）と控除金額の算定、③税務署から送付されている「給与所得者の住宅借入金等特別控除申告書」及び金融機関発行の「住宅借入金の残高証明書」（添付）をもとに控除額を算定する必要があります。

<table>
<tr><td>参考</td><td>年の中途で居住者になった（帰国した）人に支払う給与については、居住者になったときから支払う給与（帰国後の給与）については年末調整を行うことができますが、その際には、国内で支払われた海外勤務にかかる給与分も含めて計算することになります。</td></tr>
</table>

Q4　年末調整等により生じた還付金の精算方法は？

　役員や従業員等に対する年末調整を実施した結果、各人の年末調整後に納付すべき税額がすでに源泉徴収された所得税の合計額より多い場合は不足額を年末に支払う給与等から徴収することになりますが、少ない場合には各人にその額（過納額）を還付することになります。

　これから述べる精算は、源泉徴収義務者と国との過納額の精算方法であり、個々人の対する過納額の精算については源泉徴収義務者が責任を持って対応することになります。

還付金の精算		精算方法
年度内に可能		最終支払時の各人からの源泉徴収税額より、年末調整後の各人への還付金額の合計額が少ない場合は、源泉徴収した額から各人に対して還付する（納期の特例適用者の大部分は、この方法により精算が可能）。
2か月以内に可能		前年中に精算しきれなかった還付金については、その後の給与支払日において徴収した源泉所得税（報酬等も含む）を持って充当します。
不可能である		次のような理由に該当する場合は、税務署から還付を受けることになりますので、給与の支払者の所轄税務署長に対して、関係書類を提出してください。
	理由	・解散、廃業等により、給与の支払者でなくなり還付できなくなった場合 ・徴収して納付する税額がなくなったため、過納額の還付ができなくなった場合 ・過納額が多額で、2か月を経過しても還付しきれないと見込まれる場合

還付を受けるために税務署へ提出すべき書類

提出書類	源泉所得税及び復興特別所得税の年末調整過納額還付請求書兼残存過納額明細書

添付書類	・該当する受給者の「所得税源泉徴収簿」の写し ・過納額の請求及び受領に関する委任状（連記式）（委任状の提出ができない人の分は、本人に直接還付するので明細書の用紙を別にして作成） ・過納額の一部を翌年に繰り越して還付しているときは、該当する受給者の翌年分の「所得税源泉徴収簿」の写し

Q5　納期の特例制度とは？

　源泉所得税の納期の特例制度とは、従業員等が常時10人未満の源泉徴収義務者の納付の手数を軽減するため、給与、退職手当及び所得税法第204条1項2号に掲げる者（弁護士、税理士、司法書士など）に対する報酬、料金にかかる源泉所得税を年2回にまとめて納付する制度です。この制度の適用を受けるためには、「源泉所得税の納期の特例の承認に関する申請書」を所轄税務署長に提出し、承認を受ける必要があります。

　納期の特例は、税務署長からの却下通知がない限り、承認申請書を提出した翌々月の納付分から適用になります。

　なお、納期の特例を受けている源泉徴収義務者のうち、「源泉所得税の納期の特例適用者に係る納期限の特例に関する届出書」を提出して承認を受けている源泉徴収義務者については、7月～12月分の納期限は翌年1月20日となります。

　ただし、納期の特例の特例を受けても、①その年の12月31日現在で源泉所得税の滞納額がある、②7月～12月までの分を翌年1月20日までに、納付しなかった場合には、この適用を受けられなくなります。

納期限（納期限が土、日、祝日に当たるときはその翌日）

対 象 期 間	納付期限	備　考
1月～6月までに支払ったもの	7月10日	
7月～12月までに支払ったもの	翌年の1月10日	特例適用者は1月20日

Q6　退職金を支払う際の源泉徴収は？

　退職所得に対する課税は分離課税制度が採られておりますので、退職手当の支払者に対して「退職所得の受給に関する申告書」を提出している方については、退職金支払時に行われる源泉徴収によって課税手続きは終了することになります。

一方、退職所得に支払者に対して退職者から「退職所得の受給に関する申告書」の提出がなかった場合は、退職金額の20.24％に相当する所得税を源泉徴収していただくことになります（この源泉所得税額は確定申告により精算することができます）。

退職所得控除額の計算に当たっての注意事項

① 勤続年数に１年未満の端数がある場合は、端数を切り上げ1年とします。
② 勤続年数は、実際に勤務した期間をもとに計算します（見習い期間も含む）。

参考	同時に２か所から退職金の支給があるとか、以前に退職金を受け取ったことがある（特定役員退職手当等および短期退職手当等）など、個々のケースにより勤務期間の計算等が異なることがありますので、一般的な退職と認められないような場合には税務署等にお尋ねしてください。

Q7 税理士等に報酬を支払う際の源泉徴収は？

居住者に対して、国内において所得税法第204条第1項に掲げる報酬・料金等の支払をする者は、その支払の際に源泉所得税を徴収し、翌月10日までに国に納付しなければならないと規定されています。

なお、この規定は支払を受ける者が個人である場合にのみ適用され、支払を受ける者が法人の場合は、原則適用されません。

	区　分	左に該当しないもの	源泉徴収の方法
1	原稿料、作曲料、デザイン報酬、放送謝礼、著作権料、講演料、工業所有権の使用料	答案等の採点料、モニター報酬	報酬・料金×10.21％ ただし、１回の支払が100万円超の部分は20.42％
2	弁護士、税理士、公認会計士、社会保険労務士、測量士、建築士、不動産鑑定士		
4	職業野球の選手、プロサッカー選手、競馬の騎手、モデル、外交員など		（注）外交員は４号該当ですが、計算方法が異なります。（報酬・料金－控除額）×10.21％
5	芸能、ラジオ、TV等への出演料、企画料	芸妓への支払	
7	職業野球の選手の契約金		

3	社会保険診断報酬支払基金の規定により同基金が支払う診療報酬	健保組合等が直接支払う診療報酬	(診療報酬－月額20万円)×10.21%
6	バー、キャバレー等のホステス		(報酬－控除額)×10.21%
8	クイズ放送のスポンサーや商店会等が広告宣伝のため出演料等として支払う賞金品等	競技、演技、業績等の表彰時の賞金品等	(賞金品－50万円)×10.21%
	馬主に支払われる競馬の賞金	賞金品－〔(賞金品×20.42％＋60万円)〕×10.21％	

（注）法人に対する報酬・料金は、競馬の賞金のみ源泉徴収が必要。徴収方法は個人と同じ。

消費税編

Q1　課税対象となる取引は？

　消費税の課税対象は、「国内取引」と「輸入取引（保税地域*から引き取られる外国貨物が課税対象）」に限られ、国外で行われる取引は対象となりません。

*「保税地域」とは、輸出入手続きを行い、外国貨物を蔵置し又は加工、製造、展示棟をすることができる徳手の場所をいいます。

　次の要件すべてを満たす国内取引が課税対象となります（要件のうち一つでも満たしていない取引は、「不課税取引」です）。

　①国内において行うもの（国内取引）、②事業者が事業として行うものであること、③対価を得て行うものであること、④資産の譲渡、資産の貸付け、役務の提供であること

① **「国内において行うもの（国内取引）」とは**

　事業者が国内と国外にわたって取引をしている場合は、その取引内容に応じて、国内取引であるかどうかの判定が必要です。

② **「事業者が事業として行うもの」とは**

　法人が行う取引は全て「事業」に該当します。

　個人事業者の場合は、事業者の立場で行う取引が「事業」に該当し、消費者の立場で行う資産の譲渡等（テレビ等家庭用資産の売却など）は該当しません。

③ **「対価を得て行うもの」とは**

　資産の譲渡等に対して反対給付を受けることをいいます。

　例えば、寄附金、補助金のようなものは、一般的に資産の譲渡等の対価に該当せず、原則として課税対象となりません。利益の配当や宝くじの当選金等も同様に課税対象となりません。

④ **「資産の譲渡、資産の貸付け、役務の提供であること」とは**

　「資産の譲渡」とは、資産（棚卸資産、機械装置などの有形資産、商標権、特許権など無形資産など取引の対象となるもの全て）を他人に移転することです。

　「資産の貸付け」には、資産に係る権利の設定その他他のものに資産を使用させる

一切の行為をいいます（例：自動車のレンタル、貸倉庫や貸金庫の賃貸など）。

「役務の提供」とは、例えば、請負、宿泊、飲食、出演、広告、運送などのサービスを提供することをいいます。税理士、会計士、弁護士等による専門的知識等に基づく役務の提供も含まれます。

Q2 非課税取引とは？

消費税は、消費という行為に着目して課税する税であることから、その課税の対象は消費される財貨及びサービスの提供等に限られるものですが、課税の対象としてなじまないもの、つまり、その取引が消費という概念になじまないものや行政の執行上法令等の規定に基づき義務づけられている事務に係る行政手数料など、課税の対象とすることになじまないものを非課税として掲げています。

消費税の性格上なじまないもの	社会的、政策的な配慮によるもの
土地の譲渡、貸付け	社会保険医療など
有価証券、支払手段の譲渡	介護保険サービス、社会福祉事業（第1種、第2種）
利子、保証料、保険料　など	助産
郵便切手、印紙などの譲渡	埋葬料、火葬料
商品券、プリペイトカードなどの譲渡	一定の身体障害者用物品の譲渡、貸付けなど
住民票、戸籍抄本等の行政手数料など	学校の授業料、入学金、施設設備費
外国為替業務に係る役務の提供	教科用図書の譲渡
―	住宅の貸付け

Q3 輸出免税とは？

事業者が国内において課税資産の譲渡等を行った場合、それが輸出取引等に該当する場合には消費税が免除されます。【消法7①】

なお、輸出免税の対象となる取引は、輸出許可書等により輸出されたことが証明されたものに限ります。

免税の要件	① 課税事業者が行った資産の譲渡等であること ② 資産の譲渡等が国内取引に該当すること ③ 譲渡等に係る資産が課税資産であること ④ 資産の譲渡等が輸出免税等の範囲に掲げる取引に該当し、証明されたものであること
取引等の範囲	① 輸出として行われる資産の譲渡又は貸付 ② 外国貨物の譲渡又は貸付 ③ 国際輸送, 国際通信、国際郵便等 ④ 外国船舶等の譲渡、貸付及び修理 ⑤ 外国船舶等の水先等の役務の提供 ⑥ 外国貨物の荷役等 ⑦ 非居住者に対する無形固定資産等の譲渡又は貸付け ⑧ 非居住者に対する役務の提供のうち一定のもの
参考	輸出証明書等とは、消費税法第7条第2項《輸出免税等》に規定する「財務省令で定めるところにより証明されたもの」又は租税特別措置法施行規則第36条第1項《外航船等に積み込む酒類等の免税手続》に規定する「承認を受けた事実を証明する書類」をいう。

Q4 消費税法における課税事業者とは？

消費税の納税義務者は、国内において行った課税資産の譲渡等及び特定課税仕入れを行う事業者並びに課税貨物を保税地域から引き取る者です。【消法5①】

消費税法上の課税事業者に該当するかどうかは、基準期間[*1]の課税売上高が1,000万円を超えているか否かを基準として判断することになります。ただし、基準期間の課税売上高が1,000万円以下であっても、特定期間[*2]の課税売上高が1,000万円を超えた場合は、当該課税期間から課税事業者となります。

課税売上高は原則として税抜きの額で判定しますが、基準期間の売上高が1,000万円以下かどうかの判定の際、免税業者の場合は課税売上高について税抜きの処理をしないで判定することになります。

基準期間の課税売上高が1,000万円を超えた事業者は、「消費税課税事業者届出書（基準期間用）」[*3]を速やかに納税地の所轄税務署長に提出する必要があります。【消法57①一】

また、課税事業者の基準期間の課税売上金額が1,000万円以下になった場合は、「消費税の納税義務者でなくなった旨の届出書」を速やかに提出する必要があります。【消法

57①二】

　なお、基準期間の課税売上高が1,000万円以下の事業者でも、（輸出業者など）課税売上高より課税仕入額が多い事業者は、「課税事業者選択届書」を提出し、課税事業者となることで、消費税の還付を受けることができます。

＊1　原則として、個人事業者についてはその年の前々年、法人についてはその事業年度の前々事業年度です。

＊2　特定期間とは、個人事業者の場合は、その年の前年の1月1日から6月30日までの期間をいい、法人の場合は、事業年度の前事業年度開始の日以後の6か月間の期間をいいます。

＊3　特定期間の課税売上高が1,000万円を超えたときは、「消費税課税事業者届出書（特定期間用）」を提出します。

Q5　仕入控除税額の計算方法は（一般課税の場合）？

　消費税法上の課税仕入れは、企業会計上の仕入に相当する商品や原材料の仕入だけでなく、建物や機械装置及び車両等などの減価償却資産の購入、運送や電話などのサービスの対価などを含む幅広い概念です。

　一般課税方式による仕入控除税額の計算に当たっては、支払った消費税額を全額控除できるか否かの判定を行うため、次のような計算式で「課税売上割合」を求める必要があります。

$$課税売上割合 = \frac{課税売上げ＋免税売上げ}{課税売上げ＋免税売上げ＋非課税売上げ}$$

売　上　高			
課税売上げ	非課税売上げ	課税売上げ	免税売上げ
		課税資産の譲渡等の 対価の額の合計額	（分子の額）
	資産の譲渡等の対価の額の合計額		（分母の額）

【課税売上高が5億円以下かつ課税売上割合が95％以上の場合】

　期間中に支払った消費税全額を課税仕入れ控除額とすることができます。

【課税売上高が5億円超又は課税売上割合が95％未満の場合】

　個別対応方式又は一括比例配分方式のどちらかを選択して、仕入控除税額を算定します。

個別対応方式	仕入高を①〜③に区分し、次の計算式で課税仕入等に係る消費税額を算出 **仕入控除税額＝①に係る税額＋③に係る税額×課税売上割合** ① 課税資産の譲渡等にのみ要するもの（原材料、容器、包装機械及び装置、備品等） ② その他の資産（非課税資産）の譲渡等にのみ要するもの（販売用土地及び賃貸の仲介手数料、土地の造成費、賃貸住宅の建築費） ③ 課税資産の譲渡等とその他の資産の譲渡等に共通して要するもの（福利厚生費、土地建物の一括譲渡にかかる仲介手数料）
一括比例配分方式	原則として課税仕入等に係る消費税の用途区分を行っていないなどの理由から、個別対応方式により仕入控除税額を計算できない場合に適用します。 **仕入控除税額＝その課税期間中の課税仕入等の税額×課税売上割合**

Q6 簡易課税制度とは？

　消費税は個々の取引の積み重ねにより計算される本則課税を原則としていますが、中小企業者の事務負担に配慮して一定規模以下の事業者に対しては、課税売上高をもとに納付税額を計算できる簡易課税制度の選択適用を認めております。

　この適用を受けることができる事業者は、①基準期間の課税売上高が5,000万円以下で、②その課税期間の初日の前日までに「消費税簡易課税制度選択届出書」を提出している事業者に限られます。

　この制度では、事業区分によって「みなし仕入率」が決められているため、課税売上高が判明すれば仕入れに係る消費税額を算出することができます。

　ただし、届出書を提出してから2年間継続して適用することが条件です。

事業区分	事業内容	みなし仕入率	概算納付税額	備考
第1種事業	卸売業	90%	課税売上高×1%	第3種の農業、漁業のうち、飲食料品の譲渡に該当する部分は第2種事業となります。
第2種事業	小売業等	80%	課税売上高×2%	
第3種事業	農業、漁業、製造業等	70%	課税売上高×3%	
第4種事業	その他の事業	60%	課税売上高×4%	
第5種事業	金融業、保険業、サービス業等	50%	課税売上高×5%	
第6種事業	不動産業	40%	課税売上高×6%	

Q7　会計処理の方法（税込経理方式と税抜経理方式）は？

　消費税の会計処理に当たっては、取引価額と消費税額を区分せずに一括して経理処理する税込経理方式と、取引価額と消費税額を区分して経理処理する税抜経理方式があります。どちらの経理方式を用いるか、また、売上げ、仕入れ、経費及び固定資産の区分ごとにどちら方法で経理処理するか事業者が任意に選択することができますが、次の点について注意してください。

税抜処理方式を選択した場合の注意事項

> ①　売上げなど収益に関するものについては、必ず税抜経理方式を適用しなければならない。
> ②　固定資産及び棚卸資産の取得、経費等に関するもののいずれかを、税込経理方式を選択適用できる。

　なお、期中は税込経理方式を行って期末に一括して税抜経理方式に修正することも認められておりますし、仕入れ、経費、資産の区分ごとに期中に税込経理を行って、期末に一括して「仮払消費税等」勘定を計上して処理することもできますが、特定の勘定科目についてだけの経理処理は認められておりません。

法人税法上の会計処理について

項　目	税抜経理	税込経理
交際費等（損金不算入）	税抜交際費等の支出額	税込交際費等の支出額
少額減価償却資産（10万円未満）	本体価格10万円未満	取引価格が10万円未満
棚卸資産の期末評価	計上価額	計上価額
資産の評価損	計上価額	計上価額

Q8　届出が必要な各種書類と提出期限は？

1	【免税事業者が課税事業者になることを選択する場合】 提出書類：「消費税課税事業者選択届出書」 提出期限：適用を受けようとする課税期間の開始日の前日まで（課税期間が事業開始日の属する課税期間である場合は、その課税期間中）

2	**【課税事業者を選択していた事業者が選択をやめよう（免税事業者に戻ろう）とする場合】** 提出書類：「消費税課税事業者選択不適用届出書」 提出期限：免税事業者に戻ろうとする課税期間開始日の前日まで（ただし、課税事業者選択届出書を提出してから2年間はこの届出書を提出できません）。
3	**【基準期間の課税売上高が1,000万円を超えたことにより、課税事業者となる場合】** 提出書類：「消費税課税事業者届出書」 提出期限：課税事業者になることを知った日以後、速やかに
4	**【簡易課税制度を選択する場合】** 提出書類：「消費税簡易課税制度選択届出書」 提出期限：適用を受けようとする課税期間の開始の前日まで（課税期間が事業開始日の属する課税期間である場合は、その課税期間中） （注意事項）：簡易課税制度を選択した場合でも、基準期間の課税売上高が5,000万円を超える課税期間については、簡易課税制度を適用することはできません。
5	**【簡易課税制度をやめようとする場合】** 提出書類：「消費税簡易課税制度選択不適用届出書」 提出期限：適用をやめようとする課税期間の開始日の前日まで（ただし、消費税簡易課税制度選択届出書を提出してから2年間継続していることが要件です）
6	**【課税売上割合に準ずる割合の適用を受けようとする場合】** 提出書類：「消費税課税売上割合に準ずる割合の適用申請書」 提出期限：承認を受けようとするとき（承認を受けた日の属する課税期間から適用）
7	**【適格請求書発行事業者の登録を受けようとする場合】** 提出書類：「適格請求書発行事業者の登録申請書」 登録申請手続：所轄税務署長に登録申請書を提出。税務署による審査を経て登録された場合は、登録番号などの通知及び公表が行われます。
8	**【適格請求書発行事業者の登録を取り消す場合】** 提出書類：「適格請求書発行事業者の登録の取消しを求める旨の届出書」 提出期限：翌課税期間の初日から登録を取り消そうとするときは、翌課税期間の初日から起算して15日前の日までに届出書を提出する必要があります。

Q9　軽減税率が適用されるのは？

　令和4年10月1日より低所得者に配慮する観点から、飲食料品（酒類を除きます）及び新聞の定期購読料（週2回以上発行する新聞に限ります）等に係る譲渡には、消費税

の軽減税率（8％）が適用されることになりました。

　ここでいう「飲食料品」は人の飲用又は食用に供されるものをいいますので、飲用又は食用として使用できない原材料や医薬品等に該当する飲料は含まれません。

　なお、食品と食品以外の資産があらかじめ一つの資産を形成又は構成するもの（おまけ付き商品）のうち、税抜価額が1万円以下であって、食品の価額の占める割合が3分の2以上の場合に限り、その全体が軽減税率の対象となります。

軽減税率が適用される取引

日常生活必要な飲食料品	①　米穀や野菜、果実などの農産物、食肉や牛乳、魚類や貝類、海藻類などの水産物、食用鳥卵などの畜産物 ②　めん類、パン類、菓子類、調味料、飲料等　など
飲食店等から容器等に入れ持帰る商品	宅配、出前、テイクアウト　など
新聞の定期購読料	週2回以上発行する新聞に限る

軽減税率が適用されない取引

飲食業者等が営む店内での飲食代金	レストラン、飲食店等での飲食代
食品の原材料等に該当するもの	食用に供される生きた家畜、家畜の飼料など
飲食料品から除外されるもの	酒税法に規定する酒類
飲食品に該当しないもの	医薬品等に該当する栄養ドリンク　など

Q10　インボイス制度とは？

　令和5年10月1日より、適格請求書等保存方式（通称：インボイス制度）が実施されました。

　インボイス制度の下では、「適格請求書発行事業者」が交付する「適格請求書」（インボイス）等と帳簿の保存が仕入税額控除の要件となります。

　適格請求書とは、「売手が、買手に対し正確な適用税率や消費税額等を伝えるための手段」であり、一定の事項が記載された請求書や納品書、領収書、レシートその他のこれらに類する書類をいいます。

　適格請求書を交付できるのは、税務署長の登録を受けた「適格請求書発行事業者」に

限られます。この登録は、課税事業者であれば受けることができます*。

*適格請求書発行事業者の登録を受けていない事業者であっても、適格請求書に該当しない請求書等は発行することができます。また、登録を受けていない事業者が、適格請求書と誤認されるおそれのある書類を交付することは、法律によって禁止されており、違反した場合の罰則も設けられています。

Q11　適格請求書に記載が必要な事項とは？

適格請求書*の記載事項は以下のとおりです。

*不特定多数の者に対して販売等を行う小売業、飲食店業、タクシー業等に係る取引については、適格請求書に代えて、適格簡易請求書を交付することができます。

① 適格請求書発行事業者の氏名又は名称及び登録番号
② 取引年月日
③ 取引内容（軽減税率の対象品目である旨）
④ 税率ごとに区分して合計した対価の額（税抜き又は税込み）及び適用税率
⑤ 税率ごとに区分した消費税額等（端数処理は一請求書当たり、税率ごとに1回ずつ）
⑥ 書類の交付を受ける事業者の氏名又は名称
（注）　下線の項目が、従来の区分記載請求書の記載事項に追加される事項です。

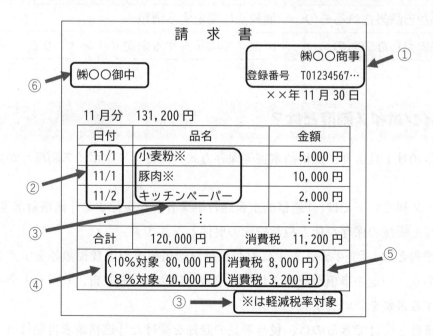

Q12 　免税事業者等からの仕入税額の一定割合を控除できる経過措置とは？

　適格請求書等保存方式では、適格請求書発行事業者以外の者（消費者、免税事業者又は登録を受けていない課税事業者）からの課税仕入れについては、仕入税額控除のために保存が必要な請求書等の交付を受けることができないことから、仕入税額控除を行うことができません。【消法30⑦】

　ただし、経過措置として、適格請求書等保存方式開始から一定期間は、適格請求書発行事業者以外の者からの課税仕入れであっても、仕入税額相当額の一定割合を仕入税額とみなして控除できる措置が設けられています。この経過措置を適用できる期間と控除の一定割合は以下のとおりです。

期　　間	割　　合
令和５年10月１日から令和８年９月30日まで	仕入税額相当額の80％
令和８年10月１日から令和11年９月30日まで	仕入税額相当額の50％

　なお、この経過措置の適用を受けるためには、次の事項が記載された帳簿及び請求書等の保存が要件となります。

＜帳簿＞

　区分記載請求書等保存方式の記載事項に加え、例えば、「80％控除対象」など、経過措置の適用を受ける課税仕入れである旨の記載が必要となります。

＜請求書等＞

　区分記載請求書等と同様の記載事項が必要となります。

Q13 　免税事業者から課税事業者となった場合の２割特例とは？

　令和５年10月１日から令和８年９月30日までの日の属する各課税期間において、免税事業者が適格請求書発行事業者となる場合＊には、納付税額の計算において控除する金額を、その課税期間における「課税標準である金額の合計額に対する消費税額」から「売上げに係る対価の返還等の金額に係る消費税額の合計額」を控除した残額に８割を乗じた額とすることができる経過措置（以下「２割特例」といいます）が設けられています。

　なお、２割特例は、簡易課税制度のように事前の届出や継続して適用しなければならないという制限はなく、申告書に２割特例の適用を受ける旨を付記することにより、適

用を受けることができます。

＊課税事業者が適格請求書発行事業者となった場合であっても、当該適格請求書発行事業者となった課税期間の翌課税期間以後の課税期間について、基準期間の課税売上高が１千万円以下である場合には、原則として、2割特例の適用を受けることができます。

Q14　確定申告、中間申告及び予定納税とは？

　消費税の申告期限は、原則としてその課税期間終了日の翌日から2か月以内です。

　ただし、個人事業主については、相対的にその事務能力が十分でないことなどを踏まえ、翌年の3月31日とする特例が設けられています。【措法86の4①】

　なお、法人における消費税の確定申告は、確定した決算に基づく必要がないため、提出期限の延長等に係る規定は設けられていません（別表第三に掲げる法人を除きます）。

　ただし、「法人税の申告期限の延長の特例」の適用を受ける法人が、「消費税申告期限延長届出書」を提出した場合には、その提出をした日の属する事業年度以後の各事業年度終了の日の属する課税期間に係る消費税の確定申告の期間が1か月延長されます。

　また、直前の課税期間の確定消費税額の年税額に応じて、次のような中間申告回数及び納税が必要となります。

直前確定消費税額	48万円以下	48万円超400万円以下	400万円超4,800万円以下	4,800万円超
中間申告の回数	不要	1回	3回	11回
中間納付税額*	0円	6/12	3/12×3	1/12×11

＊直前確定消費税に対する割合

その他

Q1　印紙税法上の課税文書の判定基準等とは？

　印紙税の課税対象となる文書は、印紙税法別表第1の課税物件表に掲げられている文書です。なお、課税物件表に掲げられている文書であっても、零細なもの、公共性のあるもの、その他社会政策上等の見地から印紙税を課すことが適当でない文書については、印紙税は課されないこととなっています。

　印紙税法上、当事者間においては課税事項（文書に証されるべき事項）を証明する文書であっても、その課税事項を証明する目的以外で作成された文書は課税文書には該当しません。

項　目	意　義
一　の　文　書	印紙税は一の文書ごとに一通又は一冊を単価として課税される。 この場合の「一の文書」とは、その形態からみて物理的に一個の文書と認められるものをいい、文書の記載証明の形式、紙数の短複は問わない。
証　書　と　通　帳	課税事項を1回に限り記載証明する目的で作成されるものが証書であり、継続的又は連続的に記載証明する目的で作成されるものが通帳等である。
有　価　証　券	有価証券とは財産的価値のある権利を表彰する証券であって、その権利の移転、行使が証券で行われるものをいい、金融商品取引法上の有価証券だけと限らない。
同一文書を2通作成した場合	契約当事者間で同一内容の文書を2通以上作成した場合、文書が課税事項を証明する目的で作成されたものであるときは、それぞれが課税文書に該当する。なお、副本、写し等と表示された文書であっても、契約当事者の双方又は一方の署名又は押印があるものは、課税文書として取り扱う。

非課税文書

●非税物件表の非課税文書 　非課税物件として取り扱うもの	①金銭の受領書のうち受取金額が3万円未満のもの、②約束手形のうち手形金額が10万円未満のもの　等

●国等が作成した文書 特定の法人が作成する文書	①国、地方公共団体が作成する書類、②日本政策投資銀行が作成する書類
●特定の非課税文書 特定の者が作成する文書	国庫金又は地方公共団体の公金の取扱い金融機関が作成する国庫金又は公金の取扱いに関する文書等
●特別な法により非課税となるもの 印紙税法以外の法律で非課税	①郵便貯金等に関する文書、②健康保険に関する文書、③災害補償に関する文書　等

Q2　不動産の譲渡、建築工事の請負契約書にかかる印紙税の軽減措置とは？

　租税特別措置法第91条により、平成26年4月1日から令和9年3月31日までの間に作成される、下表の①及び②に記載された契約金額が一定金額を超える場合の印紙税率は、印紙税法に定める税率に関わらず軽減税率を適用することができます。

①	不動産の譲渡に関する契約書（第1号の1文書）	土地や建物などの不動産の譲渡（売買、交換等）に関する契約書に限られます。なお、地上権又は土地の賃借権の譲渡に関する契約書、消費貸借に関する契約書及び運送に関する契約書は軽減税率の適用はありません。
②	建築業法第2条第1項に規定する建築工事の請負に係る契約に基づき作成される請負に関する契約書（第2号文書）	建築工事とは、具体的には土木建築に関する工事に限られます。従って建築物等の設計、建設機械の保守、機械器具の製造又は修理などの請負契約書は軽減税率の適用はありません。

軽減税率表

不動産譲渡に関する契約書	請負契約に関する契約書	本則税率	軽減税率
10万円超　50万円以下	100万円超　200万円以下	400円	200円
50万円超　100万円以下	200万円超　300万円以下	1,000円	500円
100万円超　500万円以下	300万円超　500万円以下	2,000円	1,000円
500万円超	1,000万円以下	1万円	5,000円
1,000万円超	5,000万円以下	2万円	1万円
5,000万円超	1億円以下	6万円	3万円
1億円超	5億円以下	10万円	6万円

5億円超	10億円以下	20万円	16万円
10億円超	50億円以下	40万円	32万円
50億円超		60万円	48万円

土木建築工事、建築一式工事、大工工事、左官工事、とび、電気工事、官工事、タイル・レンガ・ブロック工事、鉄筋工事、防水工事、しゅんせつ工事　など

Q3　印紙税の納付方法は？

　課税文書の作成者は、その課税文書に課せられるべき印紙税に相当する金額の印紙を、その課税文書の作成の時までに、その課税文書に貼り付ける方法により印紙税を納付しなければなりません。

　ただし、継続して同種の同形式の課税文書を多量に作成したり、一時的に大量の文書を作成したりする場合においては、次のような例外的な納付方法が設けられています。

税印による納付	印紙相当額の現金を国に納付し、税務署で印税の押印を受ける方法
印紙税納付計器による納付	印紙税納付計器を設置し、かつ、印紙税に相当する現金を納付して、納付印を押す方法
書式表示による申告・納付	所轄税務署長の承認を受けて、書式に表示して、一定期限までに納税申告書を提出し、期限までに印紙税を現金で納付する方法
預貯金通帳等に係る申告・納付	普通預金通帳等について、所轄税務署長の承認を受けて、書式に表示し、期限までに印紙税を現金で納付する方法

Q4　税金の納付方法は？

　税金の納税方法として、現金での納付とキャシュレスを利用した納付方法があります。

現金での納付

金融機関等で納付	現金と金額等を記載した納付書を持参
コンビニで納付可能（30万円以下）	税務署等から送られてくるバーコード付き納付書を持参
	国税庁ホームページを利用し作成したQRコード付き納付書を持参

キャシュレスによる納付

振替納税	指定した預金口座から納付税額の引落としを事前に依頼する方法
ダイレクト納付	e-Tax を利用して、納税義務者の預金口座から、即時又は指定した期日に口座引落としを依頼する方法
インターネットバンキング納付	インターネットを利用した銀行などの金融取引サービスを活用して納付する方法
スマホアプリ納付	納付受託者が運営する国税スマートフォン決済専用の Web サイトから利用可能な Pay 払いを選択し、納付受託者に納付を依頼する方法
クレジットカード納付	納付受託者（トヨタファイナンス㈱）に納税額の立替払いを依頼する方法

Q5　納税証明書の種類は？

納税証明書には、次のような種類があります。

納税証明書	証明を受けようとする税目		証明を受けようとする事項
その1	申告所得税、法人税、消費税、その他		納付すべき税額、納付税額、未納税額　他
その2	申告所得税、法人税		所得金額（総所得、事業所得、その他）
その3	申告所得税、法人税、消費税、その他		未納税額がないこと
その3の2	申告所得税と消費税に		未納税額がないこと（個人用）
その3の3	法人税と消費税に		未納税額がないこと（法人用）
その4	全税目	証明を受けようとする期間に滞納処分を受けたことがないこと	

　納税証明書を請求する際には、「納税証明書の交付請求書」に必要事項を記載の上、所轄の税務署長に対して提出してください。

　なお、申告直後に納税証明書を請求する場合、税務署内において申告内容を確認する必要があるため、できるだけ提出した申告書の控えを持参し、申告内容を確認してもらうようにしてください。

　また、申告書をもとに申告内容（黒字、予定納税額の還付、源泉還付等の別）を検証した結果、納税額がある場合は領収書等で納付税額を確認されることになりますので、納付書控をコピーのうえ納税証明書交付請求書に添付してください。

請 求 者	取 扱 い
本人の場合	本人であることを確認できる書類の提示（運転免許証、健康保険証など）
代理人の場合 （家族、従業員）	① 本人が署名した委任状 　（法人の場合は、代表者の署名及び申告書） ② 代理人の本人確認のため、確認できる書類の提示を求める

Q6　督促状が届くケースは？

　督促は、国税がその納期限までに完納されない場合に納付催告として行われるものですが、単なる催告にとどまらず、差押えの前提要件たる効果及び時効中断の効果をも併せ持つものです。督促状は、原則としてその国税の納期限から50日以内に発送されます。

納 期 限

申告納税方式による国税 及びその加算税	法定納期限（延納分は延納に係る納期限）【通法35】
納税の告知を受けた国税	告知書に記載された納期限
予定納税に係る所得税	法定納期限
延滞税及び利子税	計算の基礎となる国税の納期限

督促状が届いた場合

① 「督促状」の督促内容を確認の上、すでに納付済みの場合は、納付書又は領収書を確認の上、所轄税務署に電話し、納付年月日、納付金額、整理番号等を連絡してください。
② なお、加算税や延滞税等に関する督促状の場合もあるので、督促の内容をよく確認してください。

〈著者略歴〉

佐藤　文雄（さとう・ふみお）

　昭和26年岩手県生まれ。昭和44年、税務大学校東京研修所に入校。翌年5月より木更津、向島及び浅草税務署において法人の調査等事務を担当。昭和57年7月に東京国税局査察部に異動となり、その後、長期間に亘り査察事務に従事。この間、国税庁にも2年間勤務。平成12年7月より沖縄国税事務所査察課長、東京上野税務署副署長、東京国税局査察部統括国税査察官を務め、平成20年7月より税務署長として木更津及び千葉西税務署に勤務し、平成23年7月退職。同年8月税理士登録。

税務署に聞く前に読む　税務Q＆A
納税者から問い合わせの多い事例集

令和6年5月20日　初版発行
令和6年7月25日　再版発行

著　者　　佐　藤　文　雄

（一財）大蔵財務協会　理事長
発行者　　木　村　幸　俊

発行　　一般財団法人　大蔵財務協会
〔郵便番号　130-8585〕
東京都墨田区東駒形1丁目14番1号
（販　　売　　部）TEL03（3829）4141・FAX03（3829）4001
（出版編集部）TEL03（3829）4142・FAX03（3829）4005
https://www.zaikyo.or.jp

印刷　星野精版印刷㈱

ISBN978-4-7547-3240-0 C3033 ¥727E

定価（本体727円＋税）

税務署に聞く前に読む

税務Q&A

納税者から問い合わせの多い事例集